普华章科
PUHUA BOOK

我
们
一
起
解
决
问
题

青岛市跨境电商行业发展与人才需求战略研究

徐立娟　陈寿发　梁忠环　等◎编著

人民邮电出版社

北　京

图书在版编目（CIP）数据

青岛市跨境电商行业发展与人才需求战略研究 / 徐立娟等编著 . -- 北京 : 人民邮电出版社，2025.
ISBN 978-7-115-67697-9

Ⅰ．F724.6

中国国家版本馆 CIP 数据核字第 2025J76R08 号

内 容 提 要

在全球经济深度融合与数字技术迅猛发展的时代背景下，跨境电商正在重塑全球贸易格局。青岛市依托区位、港口和产业基础优势，跨境电商行业发展迅猛。本书剖析了青岛市跨境电商行业的发展现状与人才供需差距，从政府引导、院校改革、企业参与等方面提出优化路径，旨在为青岛市跨境电商行业高质量发展提供坚实的人才支撑与有效的决策参考。

全书分为两个部分。第一部分聚焦青岛市跨境电商行业发展战略研究，系统梳理行业发展现状、面临的机遇与挑战，并展望未来的发展趋势，全方位呈现青岛市跨境电商行业发展的整体态势；第二部分则聚焦青岛市跨境电商人才需求战略研究，深入分析行业人才需求特征、院校和企业人才培养现状，针对人才短缺问题，提出具有针对性的政策与建议。

本书适合政府部门、中高等院校、跨境电商企业及相关研究人员阅读，可为政府制定政策、院校调整专业、企业完善人力资源管理机制提供针对性参考，也能为跨境电商领域的研究者和从业者提供有益的理论启示与实践借鉴。

◆ 编　　著　徐立娟　陈寿发　梁忠环　等
　　责任编辑　贾淑艳
　　责任印制　彭志环

◆ 人民邮电出版社出版发行　　北京市丰台区成寿寺路 11 号
　　邮编 100164　电子邮件 315@ptpress.com.cn
　　网址 https://www.ptpress.com.cn
　　涿州市般润文化传播有限公司印刷

◆ 开本：720×960　1/16
　　印张：16.5　　　　　　　　　2025 年 9 月第 1 版
　　字数：293 千字　　　　　　　2025 年 10 月河北第 2 次印刷

定　价：89.00 元

读者服务热线：（010）81055656　印装质量热线：（010）81055316
反盗版热线：（010）81055315

本书编写组

主　　编：徐立娟　陈寿发　梁忠环

编　　者：齐晓明　王光颖　庄　伟　张春梅

　　　　　石淑翠　刘　玥

承办单位：青岛黄海学院

　　　　　青岛市跨境电子商务协会

前 言

在全球经济深度融合、数字技术迅猛发展的时代背景下，跨境电商作为国际贸易的新兴力量，正在重塑全球贸易格局。中央经济工作会议明确提出要拓展跨境电商出口，这一战略部署凸显了跨境电商在国家经济发展中的重要地位。跨境电商以其独特的线上交易模式，打破了地域限制，连接了全球市场，为各国经济增长注入了新动力。中国凭借完备的产业体系、庞大的消费市场和先进的数字技术，在全球跨境电商领域脱颖而出，成为推动行业发展的重要力量。

青岛市作为中国北方对外开放的重要门户，拥有得天独厚的区位优势。其优越的地理位置、发达的港口物流和雄厚的产业基础，为跨境电商行业的发展提供了坚实支撑。青岛港作为北方第一大港，承担着大量进出口贸易任务，为跨境电商的货物运输提供了坚实保障。依托山东省丰富多样的特色产业带，青岛市跨境电商行业发展迅猛，在进出口规模、企业数量和品牌影响力等方面都取得了显著成绩。

本研究聚焦青岛市跨境电商行业发展及人才需求领域，旨在深入剖析行业发展与人才需求的现状、面临的挑战与机遇，为政府制定科学合理的相关政策、院校调整专业设置与教学内容、企业完善人才培养与人才引进机制提供全面且具有针对性的决策依据。

在研究过程中，我们采用了文献研究、问卷调查、实地访谈、案例分析等多种研究方法。通过广泛收集国内外跨境电商行业及其人才需求的相关文献，我们系统梳理了行业理论发展脉络，了解了前沿研究成果；通过设计并发放针对跨境电商企业、院校师生和行业从业者的调查问卷，我们获取了大量一手数据，从而可以从多个维度量化人才培养与需求情况；通过实地走访青岛市跨境电商企业和开设相关专业的院校，与企业高管、人力资源负责人、院校教师和学生进行深度访谈，我们深入了解了相关机构的实际情况和各方诉求；我们还选取典型案例进行了深入剖析，从中总结成功经验和失败教训，为行业提供借鉴。

研究数据的来源涵盖国家统计局、海关总署、青岛市商务局等政府部门发布的统计数据与政策文件，各类行业研究报告、学术论文，以及通过问卷调查、实地访谈收集到的一手资料。多渠道的数据收集确保了研究内容的全面性、准确性和可靠性。

本研究由两部分构成。第一部分为青岛市跨境电商行业发展战略研究，从行业的发展现状、所处环境、面临的机遇与挑战、未来发展趋势，以及典型案例剖析等方面，全方位呈现行业整体态势；第二部分为青岛市跨境电商人才需求战略研究，聚焦行业发展概况、人才培养现状，深入探讨行业发展面临的问题与挑战，并提出针对性的政策与建议，旨在推动跨境电商人才培养，助力行业长远发展。

本研究报告在青岛市跨境电子商务协会的指导与支持下，由青岛黄海学院研究团队精心撰写。在此，向为研究提供帮助的政府部门、行业协会、跨境电商企业、院校及相关机构和个人表示衷心感谢。尽管编写组在撰写过程中力求全面、深入，但由于跨境电商行业发展迅速，且人才需求涉及多个复杂领域，研究可能存在不足之处。诚挚欢迎各位领导、专家、业界同仁提出宝贵意见和建议，共同推动青岛市跨境电商人才培养工作迈向新台阶，助力青岛市跨境电商行业蓬勃发展。

本书编写组

2025 年 3 月

目 录

第二部分

青岛市跨境电商人才需求战略

第一部分

青岛市跨境电商行业
发展战略

第1章　行业发展现状

1.1　总体概述

2024 年，全国跨境电商市场规模继续保持增长态势。青岛市跨境电商行业在 2024 年更是表现出强劲的发展势头，成为推动地方经济增长的重要引擎。作为中国北方重要的港口城市和经济中心之一，青岛凭借其得天独厚的地理优势、强大的制造业基础，以及开放的经济政策，在全国跨境电商领域占据了重要地位。2024 年，青岛市跨境电商交易规模持续扩大，增长速度高于全国平均水平，在全国的排名也稳步提升，成为北方跨境电商的领军城市。

1.1.1　行业规模与增长趋势

为推动跨境电商的发展，促进外贸新业态、新模式的创新，以及加强国际合作和竞争，国务院于 2015 年批准设立了中国（杭州）跨境电子商务综合试验区。截至 2022 年年底，国务院已先后分七批设立了 165 个跨境电子商务综合试验区，覆盖了中国内地全部 31 个省级行政区。山东省共有 16 个跨境电子商务综合试验区，其中青岛跨境电子商务综合试验区作为该省的先行者，率先获批。自 2019 年起，青岛市以其卓越的表现连续三年荣获全国跨境电商综试区考核评估一档城市，并连续两年被山东省商务厅评为电子商务发展先进市，彰显了其在跨境电商领域的领先地位和强劲发展势头。

1.1.1.1 中国跨境电商进出口情况

根据海关总署发布的最新数据，我国进出口总额从 2020 年的 322 215 亿元增长到 2024 年的 438 467.9 亿元，整体呈上升趋势，其中 2021 年达到 387 392 亿元，同比增长 20.2%，为增长幅度最大的一年，之后虽有所波动，但总体保持增长态势。出口金额从 2020 年的 179 279 亿元增长到 2024 年的 254 545.4 亿元，进口金额从 2020 年的 142 936 亿元增长到 2024 年的 183 922.6 亿元，出口增长幅度大于进口，出口占据主导地位。2024 年中国的进出口总额同比增长 5%，其中出口增长 7.1%，进口增长 2.3%（见表 1-1、图 1-1）。

表 1-1　2020—2024 年中国进出口总额情况表

年份	金额（亿元）			同比增长（%）			出口进口比例
	进出口	出口	进口	进出口	出口	进口	
2020 年	322 215	179 279	142 936	2.1	4.0	−0.2	1.3∶1
2021 年	387 392	214 255	173 137	20.2	19.5	21.1	1.2∶1
2022 年	416 728	236 337	180 391	7.6	10.3	4.2	1.3∶1
2023 年	417 510	237 656	179 854	0.2	0.6	−0.3	1.3∶1
2024 年	438 467.9	254 545.4	183 922.6	5.0	7.1	2.3	1.4∶1

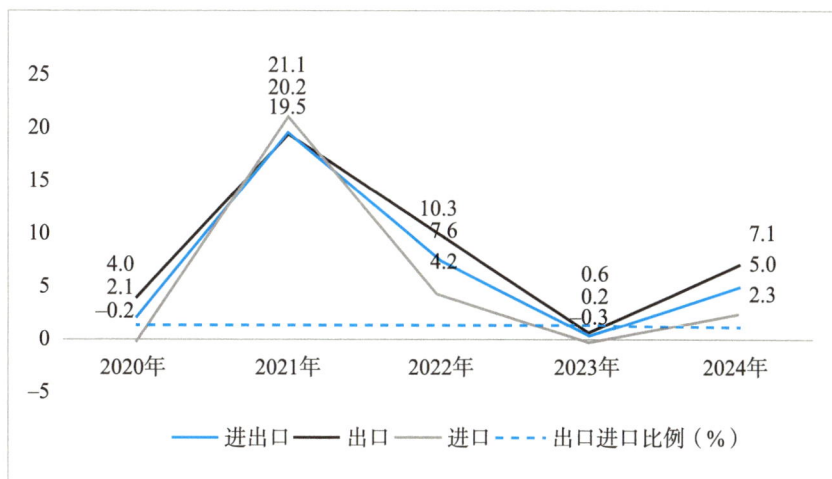

图 1-1　2020—2024 年中国进出口总额

　　中国的进出口贸易总额持续增长，其中跨境电商的贡献不容忽视。2024 年中国跨境电商新业态全年进出口总额达 26 300 亿元，同比增长 10.8%，占整个进出口贸易总额的比重由 2023 年的 5.7% 提升到 6%。跨境电商进出口总额持续增长，从 2020 年的 16 220 亿元增长到 2024 年的 26 300 亿元，出口金额从 2020 年的 10 850 亿元增长到 2024 年的 20 254 亿元，进口金额从 2020 年的 5 370 亿元增长到 2023 年的 6 046 亿元，出口增长幅度大于进口，出口占据主导地位（见表 1-2、图 1-2）。

表 1-2　2020—2024 年中国跨境电商进出口总额情况表

年份	金额（亿元）			同比（%）			出口进口比例
	进出口	出口	进口	进出口	出口	进口	
2020 年	16 220	10 850	5 370	25.7	39.2	9.1	2.0∶1
2021 年	19 237	13 918	5 319	18.6	28.3	−0.9	2.6∶1
2022 年	20 599	15 321	5 278	7.1	10.1	−0.8	2.9∶1
2023 年	23 744	18 409	5 335	15.3	20.2	1.1	3.5∶1
2024 年	26 300	20 254	6 046	10.8	10.0	13.3	3.4∶1

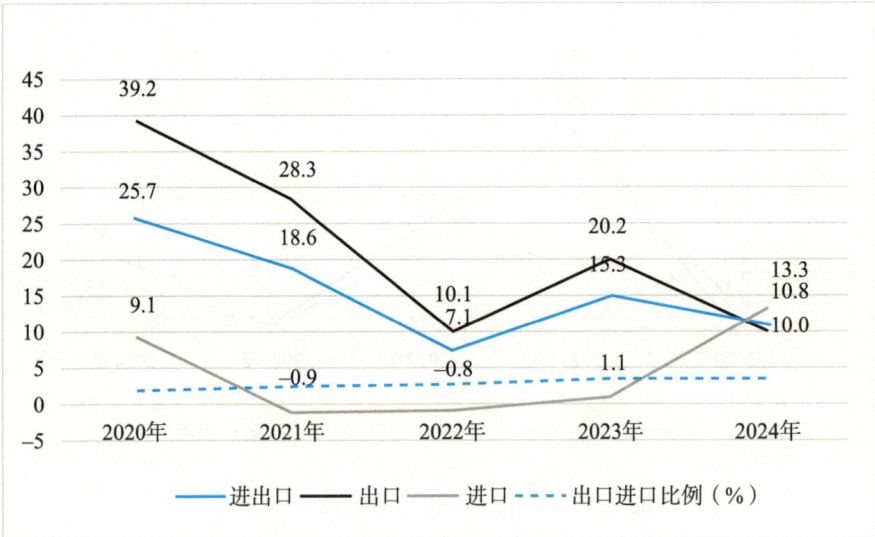

图 1-2　2020—2024 年中国跨境电商进出口总额

2024 年上半年我国主要出口目的国包括美国（34.2%）、英国（8.1%）、德国（6.2%）；主要进口来源地包括美国（16.7%）、澳大利亚（11.3%）、日本（10.6%）。跨境电商出口以消费品为主，占 97.6%，主要有服饰鞋包、珠宝配饰、手机电脑等各类数码产品及配件、家居家纺，以及厨卫用具等；进口以消费品为主，占 98.1%，主要是美容美妆、香水、日化洗护、食品生鲜、医药保健品及医疗器具等。跨境电商出口货源地主要是广东、浙江、福建、江苏、山东等；进口目的地主要是广东、江苏、浙江、上海、北京等。

1.1.1.2　山东省跨境电商进出口情况

山东省进出口总额从 2020 年的 22 009.4 亿元增长到 2024 年的 30 802.2 亿元，整体呈上升趋势，其中 2021 年达到 29 304.1 亿元，同比增长 32.4%，为增长幅度最大的一年，之后虽有所波动，但总体仍保持增长态势。出口金额从 2020 年的 13 054.8 亿元增长到 2024 年的 20 800.6 亿元，进口金额从

2020 年的 8 954.6 亿元增长到 2024 年的 16 304.7 亿元，出口增长幅度大于进口，出口占据主导地位。2024 年山东省进出口总额同比增长 3.5%，其中出口增长 7.1%，进口下降 1.8%（见表 1-3、图 1-3）。

表 1-3　2020—2024 年山东省进出口总额情况表

年份	金额（亿元）			同比（%）			出口进口比例
	进出口	出口	进口	进出口	出口	进口	
2020 年	22 009.4	13 054.8	8 954.6	7.5	17.3	−4.1	1.5∶1
2021 年	29 304.1	17 582.7	11 721.4	32.4	34.8	29	1.5∶1
2022 年	33 324.9	20 355.8	12 969.1	13.8	16.2	10.3	1.6∶1
2023 年	32 642.6	19 430.2	13 212.4	1.7	1.1	2.7	1.5∶1
2024 年	30 802.2	20 800.6	16 304.7	3.5	7.1	−1.8	1.3∶1

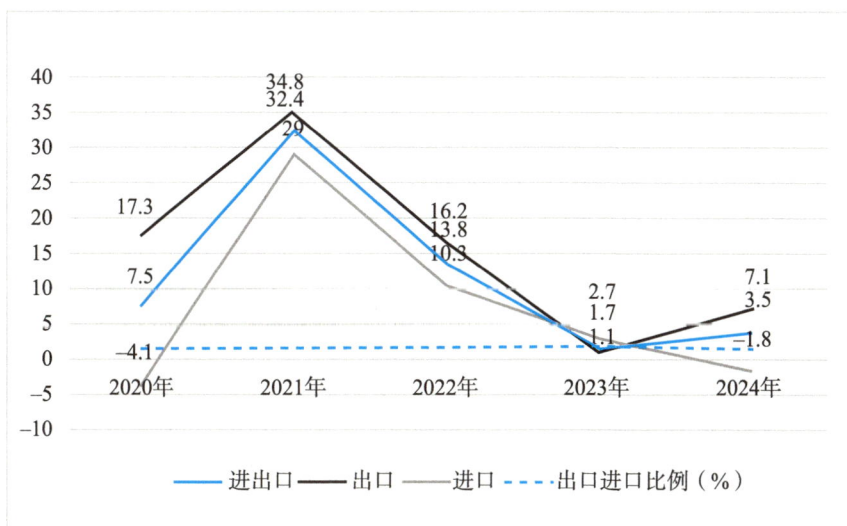

图 1-3　2020—2024 年山东省进出口总额

山东省进出口总额占全国进出口总额的比例在 2020—2024 年期间呈波动

上升趋势,增长幅度虽略有下降,但仍保持在较高水平。2020—2024 年山东省出口增速多次高于全国平均水平,说明山东企业在国际市场上具有较强的竞争力,这得益于山东省在跨境电商等外贸新业态方面的快速增长。

山东省跨境电商进出口总额在 2020 年至 2022 年期间呈现快速增长的趋势,2024 年山东省跨境电商进出口规模突破 2 000 亿元大关,占全省进出口总额的 5.9%,主要跨境电商平台新开店铺数量突破 1 万家,市场采购贸易出口增长近 20%(见表 1-4)。

表 1-4　2020 年至 2024 年山东省跨境电商进出口总额情况表

年份	进出口	
	金额(亿元)	同比(%)
2020 年	138.3	366.2
2021 年	1 000	623.2
2022 年	3 135	213.5
2023 年	2 219.9	−29.2
2024 年	2 000	−9.9

2024 年前 11 个月,山东省跨境电商出口目的国主要是美国、欧盟国家等,而进口来源地则以欧盟国家、东盟国家等为主。跨境电商出口商品以机电产品、劳动密集型产品、农产品等为主,其中机电产品出口额达 8 762.9 亿元,占出口总额的 46.9%;进口商品则以资源能源类产品、机电产品为主。跨境电商出口货源地主要集中在山东本地的特色产业带,如聊城(农副产品)、济宁(宠物用品和轴承)、青岛(假发和家电产业)等;进口目的地则主要是山东本地。

山东省跨境电商进出口总额占全国进出口总额的比例从 2020 年的 0.85% 增长到 2024 年的 7.6%,占比显著提升,显示出该省在跨境电商领域的快速发展和竞争力提升。山东省跨境电商的进出口总额增长速度远高于全国平均水平，尤其是在 2021 年和 2022 年，分别实现了 623.2% 和 213.5% 的同比增长，这得益于山东省在跨境电商政策支持、产业基础、物流配套等方面的综合优势。山东省作为沿海省份，拥有良好的地理位置和丰富的港口资源，这为其跨境电商的发展提供了有力支撑。同时，山东省的制造业基础雄厚，能够为跨境电商提供丰富的商品资源和供应链支持。

1.1.1.3　青岛市跨境电商进出口情况

根据青岛海关发布的数据，2024 年青岛市进出口额突破 9 000 亿元大关，达 9 076.7 亿元，占同期山东省进出口总额的 26.8%；同比增长 3.6%，增速高于全省 0.1 个百分点。其中，出口金额 5 278.2 亿元，首次突破 5 000 亿元大关，增速为 12%，高于全国、全省 4.9 个百分点；进口金额 3 798.5 亿元。

青岛市进出口总额从 2020 年的 6 407 亿元增长到 2024 年的 9 076.7 亿元，整体呈上升趋势。其中，2021 年增长最为显著，达到 8 498.4 亿元，同比增长 32.4%。出口金额从 2020 年的 3 876.8 亿元增长到 2024 年的 5 278.2 亿元，进口金额从 2020 年的 2 530.2 亿元增长到 2024 年的 3 798.5 亿元，出口增长幅度大于进口，出口在外贸中依然占主导地位（见表 1-5、图 1-4）。

表 1-5　2020—2024 年青岛市进出口总额情况表

年份	金额（亿元）			同比（%）			出口进口比例
	进出口	出口	进口	进出口	出口	进口	
2020 年	6 407	3 876.8	2 530.2	8.2	13.7	0.7	1.5∶1
2021 年	8 498.4	4 921.3	3 577.2	32.4	27	40.7	1.4∶1
2022 年	9 117.2	5 361.1	3 756.1	7.4	9.0	5.1	1.4∶1
2023 年	8 759.7	4 713.6	4 046.2	4.6	0.3	10.1	1.2∶1
2024 年	9 076.7	5 278.2	3 798.5	3.6	10.8	−5.6	1.4∶1

图 1-4　2020—2024 年青岛市进出口总额

　　从综合数据来看，青岛市进出口总额占全国的比重在 2% 左右，虽然相较于全国其他一些外贸大市如深圳、上海等占比不高，但在北方城市中表现突出，是北方地区重要的外贸城市之一，对全国外贸的稳定增长起到了一定的推动作用；青岛市进出口总额占山东省的比重较为稳定，保持在 27% 左右，显示出该市在山东省外贸中的重要地位。青岛市作为山东省的经济中心和重要港口城市，其外贸发展对山东省外贸的整体发展具有重要影响。从 2020 年至 2024 年的数据来看，青岛市进出口总额整体呈增长趋势，这得益于青岛市跨境电商行业在规模和增长速度方面均表现突出，使得其外贸竞争力不断增强。

　　2020—2024 年，青岛市跨境电商进出口额呈现持续快速增长态势，2020 年进出口额仅为 54.2 亿元，到 2023 年已增长至 850 亿元，2024 年超 1 000 亿元。这些数据表明青岛市跨境电商行业发展迅猛，市场规模不断扩大，呈现出快速增长的趋势，显示出青岛市在跨境电商领域的强劲发展势头（见表

1-6、图 1-5)。

表 1-6　2020—2024 年青岛市跨境电商进出口总额情况表

年份	进出口	
	金额（亿元）	同比（%）
2020 年	54.2	688
2021 年	300	453.14
2022 年	627	109
2023 年	850	36
2024 年	1 000	17.6

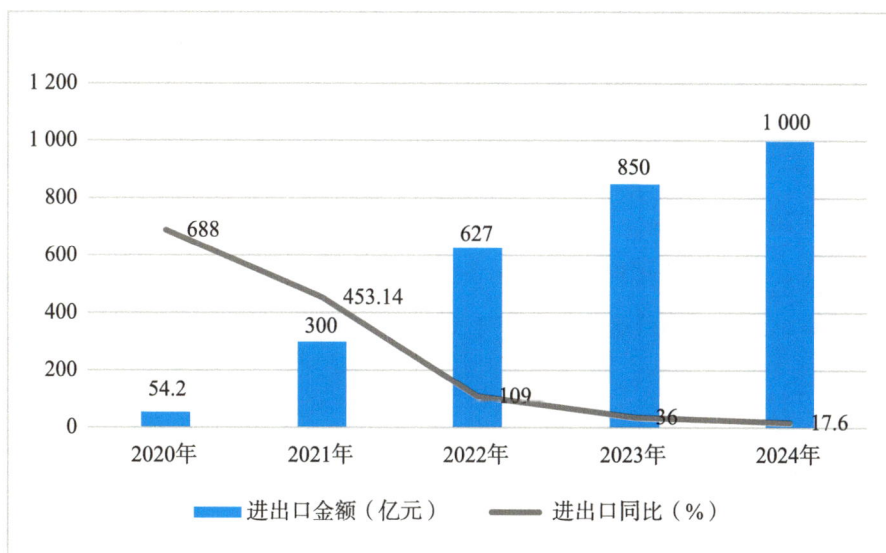

图 1-5　2020—2024 年青岛市跨境电商进出口总额同比（%）

2024 年，青岛市跨境电商的出口目的国主要是美国、日本、韩国等，而进口来源地则以日本、韩国、东盟国家等为主。跨境电商出口商品以机电产品、纺织服装、家电等为主，其中机电产品出口占比较高；进口商品则以日用品、电子产品、食品等为主。跨境电商出口货源地主要集中在青岛本地的特色产业带，如即墨（纺织服装）、胶州（家电产业）等；进口目的地则主要分布在青岛本地，如西海岸新区、胶州、即墨等。

综合来看，青岛市跨境电商进出口总额占全国进出口总额的比重在 2024 年上半年达到 4.57%，显示出青岛市在全国跨境电商领域的影响力逐渐增强。2024 年前 4 个月，青岛市出口增速达 9.4%，出口额达到 1 623.6 亿元人民币，超过佛山、无锡、厦门等城市，位列全国前十。青岛市跨境电商进出口总额占山东省进出口总额的比重在 2020 年和 2023 年较高，分别为 39.2% 和 38.3%，稳居山东省首位，尽管 2022 年占比有所下降，但 2024 年上半年又回升至 35%，表明青岛市在山东省跨境电商领域的地位依然稳固。

1.1.2　企业与平台发展状况

2019—2021 年，青岛市连续三年位列全国跨境电商综试区考核评估一档城市；2020—2021 年，青岛市连续两年被山东省商务厅评为电子商务发展先进市。青岛市备案跨境电商企业、备案跨境电商交易平台、跨境电商物流企业、跨境电商监管场所运营企业等 4 类企业主体数量均居山东省第一。

1.1.2.1　企业数量

1. 青岛市备案跨境电商企业

2024 年，青岛市新增 50 家备案跨境电商企业，截至 2024 年年底，青岛市备案跨境电商企业已有 2 385 家，占山东省备案跨境电商企业总量的 20.5%；在计划单列市中仅次于深圳。

青岛市在跨境电商领域呈现出蓬勃发展态势，各类别重点企业百花齐放。在出口跨境电商方面：B2B 类企业（如青岛易和数字科技有限公司、青岛菲尔斯特国际贸易有限公司等）为企业间的大宗贸易搭建桥梁，B2C 平台类企业（如易瑞国际电子商务有限公司、青岛欧瑞柯数字科技有限公司等）为海外消费者提供便捷的购物渠道，卖家类企业（如海信国际营销股份有限公司、青岛澳柯玛进出口有限公司等）则凭借自身优质产品闯荡国际市场。进口跨境电商中，青岛路西法电子商务有限公司在 B2B、B2C 领域均有布局（见表1-7）。此外，众多跨境电商服务商全方位助力行业发展——综合类负责资源整合，物流类保障货物运输，金融类解决资金周转问题，其他类提供相关专业支持，共同推动青岛市跨境电商行业迈向新高度。

表 1-7　2024 年青岛市跨境电商重点企业

领域		重点企业（部分）
出口跨境电商	B2B 类	青岛易和数字科技有限公司 青岛菲尔斯特国际贸易有限公司
	B2C 类（平台）	易瑞国际电子商务有限公司 青岛大拇指供应链科技有限公司 青岛青云通公共服务有限公司 青岛欧瑞柯数字科技有限公司 青岛谷雅国际电子商务有限公司
	B2C 类（卖家）	青岛海信国际营销股份有限公司 青岛澳柯玛进出口有限公司 青岛泰发集团股份有限公司 青岛山海家居用品有限公司 青岛凯莱诗化妆品有限公司 青岛赛迈德电器有限公司 青岛莱斯玛特纺织有限公司
进口跨境电商	B2B 类	青岛路西法电子商务有限公司
	B2C 类	青岛阿兰朵电子商务有限公司 青岛路西法电子商务有限公司

（续表）

领域		重点企业（部分）
跨境电商服务商	综合类	青岛润亨丰国际贸易有限公司 青岛乐盈汇跨境电商有限公司 青岛领拓跨境电商运营有限公司 青岛艾博网络科技有限公司 青岛青云通公共服务有限公司
	物流类	青岛西海岸新区保税物流中心有限公司 青岛华瀚国际物流有限公司 青岛一番货运代理有限公司 青岛美通供应链有限公司 青岛启德物流有限公司 青岛中远海运航空货运代理有限公司 青岛远航致高供应链有限公司
	金融类	中国出口信用保险公司山东分公司 派安盈（广州）商务服务有限公司
	其他	北京市盈科（青岛）律师事务所 北京德和衡（青岛）律师事务所

2. 青岛市跨境电商交易平台

截至 2024 年 11 月，青岛市共有备案跨境电商交易平台 338 家，占山东省备案跨境电商交易平台总量的 46.3%。这些交易平台涵盖了多种跨境电商模式［企业与企业（B2B）、企业与个人（B2C）、个人与个人（C2C）等］，为不同类型的跨境电商企业提供了多样化的选择和便利的交易环境。

2024 年 4 月 30 日，和兴耀达 1210 跨境电商综服平台项目和韩国 CLT 供应链项目落户青岛市，为该市跨境电商产业增添了新动能。和兴耀达 1210 跨境电商综服平台主要在青岛市空港综保区开展跨境电商 "1210" 海外仓出口业务，形成 "综保区前置仓 + 海外仓" 联运模式，可提高跨境电商出口在物流成本、时效、手续办理方面的竞争力，带动区内跨境电商产业集群发展；

韩国 CLT 供应链项目平台在青岛市空港综保区利用海关特殊区域功能，全面开展跨境进口电商业务，依托淘宝保税威海 1 号仓和韩国 Coupang 核心仓等资源，联动海外仓的集散优势，为海外品牌方提供跨境物流链路解决方案。

3. 青岛跨境电商物流企业

2024 年，青岛市在跨境电商物流领域新增 5 家国家 A 级物流企业，包括 2 家 5A 级物流企业（见表 1-8）。截至 2024 年 11 月，青岛市已有 35 家跨境电商物流企业，占山东省总量的 45.5%。这些物流企业为跨境电商提供了高效的物流解决方案，确保商品能够快速、安全地送到全球各地的消费者手中。

表 1-8　2024 年青岛市新增跨境电商物流企业

企业	备注
日日顺供应链科技股份有限公司	入围 2024 年中国物流企业 50 强
山东高速物流集团有限公司	入围 2024 年中国物流企业 50 强
中创物流股份有限公司	入围 2024 年中国民营物流企业 50 强
青岛海程邦达供应链管理有限公司	
青岛全球捷运国际物流有限公司	

4. 青岛市跨境电商监管场所运营企业

截至 2024 年 11 月，青岛市现有跨境电商监管场所运营企业 34 家，占山东省总量的 50.7%。这些企业负责跨境电商的监管和通关服务，确保跨境电商合规运营，提高其通关效率，降低企业的运营成本。

1.1.2.2　企业规模

1. 进出口规模

2024 年青岛市跨境电商进出口额超 1 000 亿元，同比增长超 10%。这一增长速度在全国跨境电商领域表现突出，显示出青岛市跨境电商的强劲发展势头。青岛市跨境电商企业不仅在国内市场表现优异，在国际市场上也占有一席之地。

2024 年，青岛市新增 3 家"省级跨境电商孵化机构试点单位"、6 家山东省重点培育的跨境电商交易服务平台企业、13 家山东省重点培育的跨境电商品牌企业、5 家省级好品山东电商中心培育企业、4 家省级电商主体、9 家"市级跨境电商优秀服务商"（见表 1-9），这说明青岛在跨境电商领域的活跃度和参与度非常高，企业数量的快速增长为跨境电商的发展提供了坚实的基础。

表 1-9　2024 年青岛市跨境电商企业培育成果

成果	企业
省级跨境电商孵化机构试点单位	山东外贸职业学院 青岛跨境电商孵化基地有限公司 青岛乐盈汇跨境电商有限公司
山东省重点培育的跨境电商交易服务平台企业	易瑞国际电子商务有限公司 青岛大拇指供应链科技有限公司 青岛青云通公共服务有限公司 山东广安车联科技股份有限公司 山东华拓网络科技有限公司 山东华智大数据有限公司
山东省重点培育的跨境电商品牌企业	青岛海信国际营销股份有限公司 青岛大拇指供应链科技有限公司 青岛澳柯玛进出口有限公司 青岛酷特智能股份有限公司 青岛泰发集团股份有限公司 青岛山海家居用品有限公司 青岛赛迈德电器有限公司 青岛谷雅国际电子商务有限公司 青岛三山机电科技发展有限公司 青岛宜开美科技有限公司 青岛万春机械股份有限公司 青岛凯东工业有限公司 青岛宜春金属制造股份有限公司

（续表）

成果	企业
省级好品山东电商中心培育企业	青岛星象汇远文化传媒有限公司 青岛明月海藻集团有限公司 小陌（山东）控股集团有限公司 青岛扬达互联网科技有限公司 青岛澳柯玛电子商务有限公司
省级电商主体	鲜速达（青岛）供应链管理有限公司 青岛西海岸保税物流中心 青岛中道泽福电子科技发展有限公司 青岛青云通公共服务有限公司 易瑞国际电子商务有限公司
市级跨境电商优秀服务商	青岛领拓跨境电商运营有限公司 北京德和衡（青岛）律师事务所 经控集团青云通平台 青岛大拇指供应链科技有限公司 青岛青云通公共服务有限公司 青岛海信国际营销股份有限公司 青岛澳柯玛进出口有限公司 青岛泰发集团股份有限公司 青岛山海家居用品有限公司

2. 全球布局

　　截至 2024 年年底，青岛企业已在全球 30 个国家和地区布局 103 个海外仓（见表 1-10），仓储面积约 65 万平方米，服务外贸企业超 2 万家。这些海外仓为青岛市的跨境电商企业提供了强大的物流支持，提高了商品的配送效率，进一步增强了企业的国际竞争力。

表 1-10　2024 年青岛市跨境电商企业布局海外仓情况

国家（地区）		企业
美国	洛杉矶	青岛启德物流有限公司 开瑞国际物流（山东）股份有限公司 青岛金巴赫国际物流股份有限公司等
	埃尔蒙特	青岛源丰实业（集团）有限公司
	西科维纳	青岛鸿亚润达国际物流有限公司
	奇诺、费城、高点镇	青岛凯莱荟国际仓储物流有限公司
	纳什维尔、新泽西州	青岛金巴赫国际物流股份有限公司
	新泽西州、特拉华州	青岛远洋购供应链有限公司
	俄亥俄州	青岛海燕置业集团有限公司
	弗吉尼亚州	青岛鸿亚润达国际物流有限公司
日本	爱知县津岛、埼玉、神奈川	众地阳光集团
	千叶、神奈川、福冈	青岛远洋购供应链有限公司
	大阪	青岛凯莱荟国际仓储物流有限公司
韩国	仁川	青岛开瑞供应链有限公司 青岛润亨丰国际贸易有限公司 青岛通达全球供应链管理有限公司
柬埔寨	金边	青岛金巴赫国际物流股份有限公司 青岛博望达电子商务有限公司
马来西亚	槟城	青岛海燕置业集团有限公司
	巴生	青岛讯易盟国际供应链有限公司
新加坡	新加坡	青岛浩赛机械有限公司
印尼	雅加达	易瑞国际电子商务有限公司
阿联酋	迪拜	青岛凯莱荟国际仓储物流有限公司 山港海外供应链（青岛）有限公司 易瑞国际电子商务有限公司 青岛浩赛机械有限公司
泰国	曼谷	青岛菲尔斯特物流有限公司
越南	胡志明市	青岛菲尔斯特物流有限公司 青岛鸿亚润达国际物流有限公司

（续表）

国家（地区）		企业
肯尼亚	蒙巴萨	易瑞国际电子商务有限公司
莫桑比克	马普托、贝拉	青岛浩赛机械有限公司
加纳	阿克拉	青岛德广成进出口有限公司 青建国际商务（青岛）有限公司
科特迪瓦	阿比让	青建国际商务（青岛）有限公司
澳大利亚	悉尼	青岛昊坤达国际物流有限公司
	墨尔本	青岛凯莱荟国际仓储物流有限公司
新西兰	奥克兰	青岛澳西卡网络科技有限公司
英国	莱斯特	青岛凯莱荟国际仓储物流有限公司
德国	法兰克福	青岛昊坤达国际物流有限公司 青岛凯莱荟国际仓储物流有限公司
	汉堡	青岛鸿亚润达国际物流有限公司
波兰	拉多姆	青岛浩赛机械有限公司
乌克兰	克里维里赫	青岛浩赛机械有限公司
俄罗斯	莫斯科	天府盛（青岛）国际供应链管理有限公司
	秋明州	易瑞国际电子商务有限公司
比利时	安特卫普	山东港口集团
意大利	科萨托	山东港口集团
哈萨克斯坦	阿拉木图	山东港口集团
乌斯别克斯坦	塔什干	山东港口集团
加拿大	多伦多	青岛凯莱荟国际仓储物流有限公司
墨西哥	比亚埃尔莫萨	易瑞国际电子商务有限公司

1.1.2.3　主要平台发展情况

1. 公共服务平台

青岛市跨境电商综合试验区拥有海关特殊监管区域 5 处。其中，青岛空港综合保税区位于青岛胶东国际机场西北侧，是山东省首个临空型综合保税区，也是青岛市第5个综合保税区；另外还有知名的青岛前湾保税港区、青岛出口加工区等。青岛还有B类保税场所1处，即青岛西海岸新区保税物流中心（B型），位于青岛市前湾港南港区，批准建设面积约14万平方米，由青岛唯品会物流有限公司负责建设运营，其一期、二期封关运营后，在跨境电商进出口货值与日通关量上有着可观的提升预期。青岛市上合新区跨境电商公共服务中心引入了雨果跨境、阿里巴巴国际站等头部平台企业，并入驻了柠檬豆、通达全球供应链等优质跨境服务商17家，将全力打造集跨境电商政策、服务、渠道、技术、信息、人才于一体的一站式平台。上合新区跨境电商公共服务中心也是全国唯一的"丝路电商"综合服务基地，可为中小企业提供政策咨询、融资支持、市场开拓等一站式服务，中心还推出了跨境电商保税出口"集货仓+前置仓+海外仓"、跨境物流"一单制"等多项便利举措和创新成果；依托中国—上海合作组织地方经贸合作综合服务平台，搭建跨境支付结算体系，覆盖200多个国家和地区；布局海外仓8处，完成9810出口海外仓退税和跨境电商特殊区域出口（1210）两项业务拓展。

青岛还拥有可开展跨境电商出口作业的场所12处、跨境电商保税仓库30多万平方米，它们有力支撑着青岛市跨境电商的仓储需求。以青岛西海岸新区保税物流中心（B型）为例，唯品会等企业已入驻国际电商仓储区并开展保税备货进口业务。

2. 主流平台

青岛外贸企业在亚马逊（Amazon）、易贝（eBay）、速卖通（Aliexpress）、阿里巴巴国际站等主流平台开设店铺超2.7万个，累计实现交易额约829亿元。这些主流平台为青岛市的跨境电商企业提供了广阔的市场和丰富的客户资源，帮助企业拓展了国际市场。青岛企业在这些平台的跨境电商业务以出口为主，兼有 B2C 零售、B2B 出口两种跨境电商业务模式。在出口方面，青岛企业通过 B2B 平台（如阿里巴巴、敦煌网和中国制造网）以及 B2C 平台［如亚马逊全球开店、易贝（eBay）和薇仕（Wish）］成功将产品推向国际市场。这些平台不仅为青岛企业提供了展示和销售产品的渠道，还帮助它们接触到全球的消费者和买家。在进口方面，行云集团、京东国际、天猫国际、考拉海购等平台为青岛市消费者提供了丰富的海外商品，满足了消费者对高品质进口商品的需求。在跨境电商服务商方面，中国邮政、顺丰速运、京东物流等物流企业为青岛市的跨境电商企业提供了覆盖全球的物流网络。同时，支付宝、财付通和贝宝（PayPal）等支付平台为跨境电商交易提供了便捷、安全的支付解决方案（见图 1-6）。

出口跨境电商	**B2B** 阿里巴巴 敦煌网 中国制造网	**B2C** 亚马逊、易贝（eBay）、薇仕（Wish）、速卖通、来赞达（Lazada）、虾皮（Shopee）	
进口跨境电商	**B2B** 行云集团 京东国际	**B2C** 天猫国际 考拉海购	
跨境电商服务商	**物流服务** 中国邮政 顺丰速运 京东物流	**支付服务** 支付宝 财付通 贝宝（PayPal）	**金融服务** 中国银行 平安银行 中信银行

图 1-6　青岛市主要跨境电商平台

3. 重点培育的公共海外仓

青岛市拥有 18 个"山东省重点培育的公共海外仓"（见表 1-11）。这些公共海外仓不仅提供仓储服务，还具备物流配送、售后服务等功能，可为跨境电商企业提供全方位的支持，进一步提升企业的国际竞争力。

表 1-11　青岛市"山东省重点培育的公共海外仓"

序号	海外仓	面积（m²）
1	青岛启德物流有限公司（美国新泽西仓）	5 000
2	青岛鸿亚润达国际物流有限公司（德国汉堡仓）	8 000
3	青岛开瑞供应链有限公司（韩国仁川仓）	2 000
4	青岛金巴赫国际物流股份有限公司（美国洛杉矶仓）	6 000
5	青岛源丰实业（集团）有限公司（美国加州仓）	4 000
6	青岛德广成进出口有限公司（加纳阿克拉仓）	3 000
7	青岛谷雅国际电子商务有限公司（美国洛杉矶仓）	4 500
8	易瑞国际电子商务有限公司（墨西哥比亚埃尔莫萨仓）	2 000
9	青岛润亨丰国际贸易有限公司（韩国仁川仓）	15 000
10	青岛凯莱荟国际仓储物流有限公司（德国法兰克福仓）	2 000
11	青岛浩赛机械有限公司（波兰拉多姆仓）	20 000
12	青岛远洋购供应链有限公司（日本千叶仓）	9 918
13	青岛菲尔斯特物流有限公司（越南胡志明市仓）	2 500
14	青岛凯莱荟国际仓储物流有限公司（阿联酋迪拜仓）	1 000
15	青岛澳西卡网络科技有限公司（新西兰奥克兰仓）	1 500
16	青岛海燕置业集团有限公司（马来西亚槟城仓）	21 000
17	青岛博望达电子商务有限公司（柬埔寨金边仓）	3 000
18	海贸云商信息科技有限公司（中国香港仓）	500

1.1.2.4 产业园区

1. 跨境电商产业园

青岛拥有山东省首家跨境电商产业园区、全国首个以海运为特色的国际快件监管中心、山东省首个以跨境电商为特色的保税物流中心（B型）等优势资源。青岛市现有省级跨境电商产业园 4 个（见表 1-12），另有青岛保税港区产业园、青岛出口加工区产业园、黄岛产业园、红岛产业园、崂山产业园、市南产业园、城阳产业园、市北产业园、李沧产业园、即墨陆港产业园、胶州产业园等多个产业园区，这些产业园区不仅为青岛市跨境电商企业提供集中办公场所，还提供共享的资源和服务，促进了企业的协同发展，为青岛市跨境电商进口提供了便捷的通关和物流服务。

表 1-12 青岛市跨境电商产业园

序号	跨境电商产业园（部分）	备注
1	青岛跨境电商产业园	省级
2	青岛邮政跨境电商产业园	省级
3	青岛上合跨境电商产业园	省级
4	青岛自贸片区跨境电商产业园	省级
5	青岛保税港区产业园	
6	青岛出口加工区产业园	
7	青岛高新区跨境电商产业园	
8	青岛胶州湾综合保税区跨境电商产业园	
9	青岛李沧跨境电商物流产业园	
10	平度跨境电商产业园	
11	莱西跨境电商产业园	
12	城阳跨境电商产业园	
13	即墨跨境电商直播产业园	
14	青岛西海岸新区中德生态园跨境电商产业园	

（续表）

序号	跨境电商产业园（部分）	备注
15	青岛有住智能家居产业园	
16	青岛新 100 创意文化产业园	
17	莱西跨境电商产业园	
18	胶南跨境电商产业园	
19	崂山金融科技跨境电商产业园	
20	传化上合国际经贸产业园	

2. 直播电商企业

在青岛市现有的 5 300 余家直播电商企业中，有一批颇有实力的代表，其中省级认定企业有：中宇乾程（青岛）文化传播有限公司在文化传播与电商融合领域成绩斐然；青岛星影时空传媒有限公司凭借专业的影视制作资源赋能直播带货场景让产品展示更具吸引力；海信营销管理有限公司依托自身强大的家电品牌矩阵，通过直播拓展销售新渠道；青岛澳柯玛电子商务有限公司紧跟潮流，利用直播电商推广各类家电产品；青岛黛优佳生物科技有限公司专注于美妆护肤领域，以直播拉近与消费者的距离，精准宣传产品。此外，还有青岛希望满满文化传媒有限公司等众多企业在不同细分领域积极探索直播电商模式，共同撑起青岛市直播电商的产业版图。

青岛市有 17 家开展直播电商业务的电商产业园区，其中青岛宇创凡电子商务产业园是一家综合性园区，它不仅提供基础的场地、网络等设施，还搭建了供应链对接、人才培训等服务平台，吸引了众多中小直播电商企业扎根。

1.1.3　区位优势与劣势

青岛市作为中国北方第一大国际航运中心城市，拥有显著的区位优势。青岛港不仅是国内重要的外贸枢纽，也是连接亚欧大陆桥东引线的海上门户，高效的港口运作和先进的物流体系，让青岛市吸引了大量外贸企业，形成了辐射山东全省的特色产业带，这为青岛市发展跨境电商提供了强大的产业支持。此外，由于青岛市独特的地缘优势，大部分青岛企业对日韩市场都有深入的了解，这也为青岛市在对日本和韩国的贸易中发展跨境电商提供了便利条件。尽管青岛市在跨境电商领域拥有诸多优势，但也面临着一些挑战，如国际竞争加剧、贸易壁垒等，需要通过政策支持和企业创新加以应对。

1.1.3.1　青岛市跨境电商产业带

2024 年 10 月 11 日，跨境行研正式发布山东省跨境电商产业带地图。在该跨境电商产业带地图中，青岛市多个特色产业带的集聚一目了然：假发产业带在轻工业制造领域展现出显著的优势；家用电器产业带则因青岛市家电制造业的繁荣而蓬勃发展；纺织服装、汽车配件、美妆和棒球帽等产业带同样在相关领域具备竞争力。这些产业带中的企业和产品在跨境电商平台上的活跃表现，为青岛市跨境电商的快速发展奠定了坚实的基础。

青岛市制造业门类齐全，产业带链条完整，产业基础雄厚，目前已形成假发、家用电器、纺织服装、汽车配件、美妆、棒球帽等优势产业带（见表 1-13）。

表 1-13　青岛市跨境电商产业带

产业带	核心区域	产业特色
西海岸新区产业带	以青岛跨境电商产业园为轴心，向外辐射。该园区坐落于山东自由贸易试验区青岛片区和全国进口贸易促进创新示范区内，集保税物流中心（B 型）、跨境电商创客创业中心等多功能于一体，是全国唯一涵盖跨境电商、一般贸易、海运国际快件、航空物流超级货站的综合性口岸	依托前湾港的航运优势，形成海运跨境物流枢纽。周边聚集大量从事进出口业务的跨境电商企业，涵盖电子、机械、家居等多个品类。重点发展高端装备制造、汽车配件、智能家居等产品的跨境出口，以及进口母婴用品、美妆护肤等品类的保税备货进口业务，形成进出口双向繁荣的产业格局

（续表）

产业带	核心区域	产业特色
城阳区产业带	依托城阳区跨境电商产业园及周边区域。园区位于交通便利之处，临近机场与高速入口，为物流配送提供便捷通道	凭借与日韩地缘相近、文化相通的优势，聚焦日韩跨境电商市场。主打服装、美妆、食品等快消品类，吸引众多日韩品牌入驻，同时助力本地企业将特色产品推向日韩，形成紧密的经贸往来纽带
即墨区产业带	以即墨陆港产业园为中心，整合周边资源。即墨陆港依托铁路物流优势，成为货物集散的关键节点	依托即墨传统的服装、针织产业集群，借助跨境电商直播等新兴手段，将本土优质纺织品推向全球。同时，积极拓展纺织服装、汽车配件、小商品、工艺品等品类，丰富产业带的产品矩阵，实现传统产业的数字化出海
崂山区产业带	依托崂山金融科技跨境电商产业园，借助崂山高新技术产业开发区的科技氛围与人才优势	聚焦高新技术产品跨境电商业务，如家电、智能硬件、生物医药、电子信息等领域。利用金融科技为跨境电商赋能，提供便捷的支付结算、供应链金融等服务，助力高科技企业拓展海外市场，提升国际竞争力
胶州产业带	依托胶州湾综合保税区跨境电商产业园及其辐射区域。园区充分利用保税区政策功能优势，构建完善的跨境电商生态	重点发展面向"一带一路"沿线国家和地区的跨境电商业务。以假发、棒球帽、家电、机械装备等优势产业为基础，结合欧亚经贸合作产业园区建设，打通国际多式联运转口贸易通道，推动胶州成为青岛跨境电商连接欧亚大陆的重要枢纽
李沧区产业带	以万国云商、青岛跨境电商孵化基地、青岛邮政跨境电商产业园等为核心。其中，青岛邮政跨境电商产业园利用原青岛国棉六厂老厂房改扩建而成，依托青岛邮政等资源，打造融合多项服务功能的邮政跨境电商平台	借助区域内丰富的电商资源和便利的交通条件，吸引各类跨境电商企业集聚，涵盖服装、家居、电子产品等多个品类，形成综合性的跨境电商产业聚集区

（续表）

产业带	核心区域	产业特色
莱西市产业带	通过举办跨境电商交流座谈会等活动，推动区域外贸企业转型跨境电商，以当地企业和产业园区为依托，培育壮大跨境电商产业规模	立足当地特色产业，如汽车配件、农产品、工艺品等，借助跨境电商平台，将本土特色产品推向国际市场，拓展海外销售渠道，促进地方特色产业的发展
平度市产业带	举办跨境电商培育活动，推动当地睫毛、草编等特色产业与跨境电商融合发展，以产业集群和相关企业为核心，打造具有地方特色的跨境电商产业带	发挥传统特色产业优势，如平度的睫毛产业在国内外具有较高知名度，通过跨境电商进一步提升产业的国际影响力和市场份额，同时带动草编等相关产业的协同发展，丰富产品种类，提高产业带的整体竞争力

1.1.3.2　区位优势

1. 地理位置优越

依托上合示范区多式联运中心，青岛市已形成"东接日韩亚太、西联上合欧洲、南通南亚东盟、北达蒙古俄罗斯"的格局，为推动东西双向互济、陆海内外联动的开放格局奠定了基础。青岛毗邻日韩，是中国内陆地区与日本、韩国进行贸易的"桥头堡"，青岛至日本的货运航程短，贸易资金周转率高，这对于需要快速资金回流和市场响应的企业来说具有巨大的吸引力。同时，青岛处于环渤海经济圈和长三角经济圈之间，是连接东北亚和东南亚的重要节点，也是"一带一路"新亚欧大陆桥经济走廊主要节点城市和海上合作战略支点，能够有效辐射国内外广阔市场，这为青岛市发展跨境电商提供了得天独厚的区位优势。

2. 交通物流发达

青岛市在辖区内打造了海、陆、空、铁、邮"五位一体"的国际物流布局，聚集度位居全国前列。青岛港是中国北方重要的大型港口，2024 年 1—11 月货物吞吐量超 66 148 万吨，连接全球 180 多个国家和地区的 700 多个港口，拥有高效的港口运作系统和先进的物流体系。4F 级的青岛胶东国际机场开通了 243 条航线（国内 223 条、国际及地区 20 条），2023 年旅客吞吐量达 2 142 万人次，常态化开行 32 条国际班列，线路横贯欧亚，形成了海、陆、空多式联运的物流网络。青岛启用了海运快件监管中心，日韩定期班轮已实现海运快件"朝发夕至""夕发朝至"，实现跨境电商"当日达""次日达"服务。青岛还开行了山东省首班跨境电商货物专列，并实现了每月常态化运行。青岛上合示范区 TIR 国际道路运输集结中心依托中国传化（上合）国际物流港海关监管作业场所，自 2023 年 9 月上合示范区开通首条至俄罗斯莫斯科 TIR 运输通道以来，发运线路业务已覆盖俄罗斯全境主要城市。2024 年 8 月，青岛市开通了中吉乌运输路径，为本市及东部沿海地区货物进入中亚市场开辟了新通道，现已签约 5 个国际车队，备案车辆 130 余辆。2024 年 1—11 月，上合示范区累计发运 TIR 国际运输车辆 251 车次，货值超 1.69 亿元，发运量居省内第一、全国第二；对俄发行班车数量占全国 30% 以上，居全国首位。此外，全市企业已在全球 30 多个国家和地区布局 103 个海外仓，仓储面积约 65 万平方米，基本形成了覆盖全球、协同发展的新型外贸物流体系。

3. 产业基础雄厚

青岛市是中国最早启动工业化的城市之一，20 世纪八九十年代，青岛市抓住沿海开放机遇，培育了海尔、海信、澳柯玛、双星、青啤"五朵金花"；进入 21 世纪，青岛抢抓央企新一轮战略布局机遇，引进高速列车等重大项目，实现了工业产值的万亿级跨越。现在，青岛拥有童装、假发、户外用品、珠宝首饰、手推车、汽车配件等 10 多个过亿美元的产业集群，这些产业集群为跨境电商提供了丰富的商品来源和稳定的供应链支持。2024 年青岛市跨境电商进出口额超 1 000 亿元，同比增长超 10%；备案跨境电商企业 2 385 家，占全市外贸进出口实绩企业的十分之一。

4. 政策支持有力

青岛市集跨境电子商务综合试验区、上合示范区、青岛自贸片区等于一体，当地政府又相继发布了《山东省跨境电商跃升发展行动计划（2023—2025 年）》《青岛市加快推进跨境电商高质量发展的若干政策措施》《青岛特色产业带跨境电商培育行动实施方案》等政策，为跨境电商企业提供资金支持、税收优惠、便利通关等服务，进一步推动了跨境电商的发展。2023 年在全国 165 个跨境电商综试区考核评估中，青岛市获评"成效明显"一档城市，为唯一连续三年上榜的北方城市。目前，青岛市辖区内自贸试验区、国家级新区、保税港区、国家级开发区四区叠加，丰富的先行先试经验助力青岛上合示范区成为制度创新的最佳选择地。

5. 电商平台集聚

截至 2024 年，唯品会、京东、抖音、菜鸟、天猫国际、淘分销、小红书等多家国内排名前十的跨境电商平台落地青岛，同时，青岛市还通过对接国外的亚马逊、eBay 等平台开展云仓、FBA、国际物流等业务，形成了强大的平台优势，推动更多优质进口商品从青岛进入国内市场。

6. 配套设施完善

青岛市拥有中国—上海合作组织地方经贸合作示范区跨境电商监管中心、传化上合跨境电商监管中心、青岛胶东国际机场快件监管场地等海关特殊监管区域 5 处，青岛西海岸新区保税物流中心（B 类）保税场所 1 处，可开展跨境电商出口作业的场所 12 处，跨境电商保税仓库 30 多万平方米，可为跨境电商企业提供完善的仓储和通关等配套服务。

1.1.3.3 区位劣势

1. 高端人才短缺

跨境电商行业对运营、战略规划等方面的高端专业人才需求大，尽管青岛市有多所高校，但在满足企业对高端跨境电商人才的需求上仍力不能及。相关调研显示，青岛跨境电商行业高端人才缺口率约30%～40%，企业在招聘具有丰富跨境电商平台运营经验、熟悉国际市场规则和海外市场营销的专业人才时难度较大，吸引和留住高端人才的能力有待提升。人才短缺在一定程度上限制了企业的发展和创新，这可能会限制青岛市跨境电商的快速发展。

2. 贸易风险较高

作为外向型经济城市，青岛市的跨境电商发展易受全球经济波动、贸易保护主义、地缘政治等因素的影响。如中美贸易摩擦期间，青岛市对美跨境电商出口额曾一度下降15%～20%，部分涉及加征关税的商品订单量明显减少。

3. 竞争压力较大

上海、深圳、广州、杭州、宁波等城市的跨境电商发展十分迅速。2024年中国跨境电商品牌影响力百强榜中，深圳上榜公司数量高居榜首，而青岛的跨境电商市场主体数量较少，产业集聚度相对较差，品牌上榜数量相对较少。上海发力总部经济，汇聚了众多国际跨境电商龙头企业；广州全力打造"跨境电商枢纽城市"，作出"3天送达全球"的承诺；杭州跨境电商人才培育体系建设全国领先，其跨境电商综试区的企业数量和交易规模也远超青岛；宁波出口海外仓建设数量和面积位居全国前列，在物流成本和配送效率上具有优势。

4. 产业协同不足

虽然青岛有丰富的产业资源，但各产业之间的协同合作不够紧密，如制造业企业与跨境电商平台、物流企业之间的信息共享和业务协同存在障碍，导致供应链效率不高，产品供应的及时性和灵活性不足。据调查，约 40% 的青岛跨境电商企业认为供应链上下游企业之间的协同问题影响了业务发展。在销售旺季，因供应链协同不畅导致的订单延误率达 15% ~ 20%。

5. 品牌建设薄弱

青岛市跨境电商企业生产的产品中，中低端产品占比较高，约60% ~ 70%，高端品牌产品相对较少，品牌附加值较低。青岛跨境电商企业在品牌培育和推广方面投入不足，缺乏有国际影响力的自有品牌，在国际市场上主要以价格竞争为主，利润空间有限。与杭州、深圳等城市相比，青岛市的跨境电商企业在品牌营销、品牌形象塑造等方面存在较大差距，品牌建设能力有待提升。

6. 金融服务有待完善

跨境电商交易涉及跨境支付、融资、保险等金融服务，但青岛的金融服务体系还不够完善：跨境支付存在手续费高、到账时间长等问题，部分支付渠道的手续费率高达 3% ~ 5%，到账时间可能延迟 3 ~ 5 个工作日；中小企业融资难的问题仍然存在，金融机构对跨境电商企业的信用评估和融资支持力度不足，约 50% 的中小跨境电商企业表示，融资困难制约了企业的业务拓展和规模扩张。

7. 文化差异挑战

在开拓国际市场时，青岛跨境电商企业面临着不同国家和地区的文化差异挑战。对目标市场的社会文化背景、居民消费习惯、法律法规等了解不够深入，常导致企业在产品设计、营销推广等方面难以精准满足当地消费者的需求。如某些欧洲国家对产品的环保标准和包装材料要求较高，青岛部分企业因不熟悉相关规定，导致产品被退货或下架，影响了企业的声誉和市场开拓。具体案例如下所示。

案例一：青岛某家具制造企业过去一直专注于国内市场，近年来看到跨境电商的潜力后，开始进军欧洲市场。由于不了解欧洲严格的木材认证标准，企业出口的部分桌椅所使用的木材来源未达到欧盟要求的可持续森林砍伐认证，产品在海关清关时受阻，被要求提供详细的木材来源证明及认证文件。同时，欧洲对家具产品的包装材料有严格限制，必须使用可回收、易降解材料，而该企业为降低成本采用的普通塑料泡沫包装不符合当地环保规定，大批货物因而滞留港口，不仅产生了高额的滞港费，还因延误交付被欧洲客户拒收，企业声誉受损，前期投入的营销推广费用也付诸东流，还面临着欧洲监管部门的高额罚款。企业后续花费了大量资源重新整改包装、追溯木材来源，才逐渐恢复欧洲业务。

案例二：青岛某塑料制品企业生产各类塑料家居用品，如塑料收纳箱、塑料衣架等，产品性价比高，在国内电商平台销量可观。公司拓展欧洲跨境电商业务后，问题频出。如欧洲对塑料制品中的化学成分管控严格，要求产品符合 REACH 法规（化学品注册、评估、许可和限制法规），企业之前未深入研究该法规，出口的部分塑料收纳箱被检测出含有过量受限化学物质，被判定为不合格产品。而且欧洲倡导环保包装，企业原本华丽繁杂的塑料包装被视作过度包装，不符合当地环保理念，遭消费者大量投诉退货，企业不得不重新研发符合当地法规的材料配方，调整包装设计，经历漫长恢复期才渐渐挽回欧洲消费者的信任。

案例三：青岛某食品加工企业专注于生产特色坚果零食，产品口感好、品质佳。但欧洲国家对食品进口标签的规定极为严格，除了基本的配料表、保质期、原产国等信息，还要求标注过敏源成分、食品生产加工环节的卫生标准代码等。该公司的产品初次出口时，因标签信息不全，不符合欧洲食品标签法规，被超市下架退货；同时欧洲对食品包装的环保要求也很高，该企业使用的普通复合包装袋不达标，被要求更换为可生物降解包装材料。这一系列问题使得企业进入欧洲市场初期就遭遇重创，不仅损失了前期铺货成本，还错过了销售旺季。企业后续通过聘请专业的食品法规顾问，完善标签、更换包装，才逐步打开欧洲市场。

1.2　重点领域发展情况

青岛市跨境电商在假发、家用电器、纺织服装、汽车配件、美妆睫毛等重点领域都有显著的发展优势（见表 1-14）。此外，青岛基本形成了覆盖全球、协同发展的新型外贸物流体系。这些重点领域的发展表明青岛市跨境电商行业具有广阔的发展前景。

表 1-14　青岛市跨境电商重点领域发展情况

领域	产业规模	发展模式	品牌建设
假发	胶州李哥庄镇是青岛重要的假发产地，假发年产值近 30 亿元，91% 的产品销往海外市场	企业借助跨境电商平台，与全球各地的客户建立联系。同时，通过直播带货等新方式，直观展示假发的佩戴效果和质量，吸引消费者购买	青岛谷雅国际电子商务有限公司旗下的 LavividHair、Uniwigs 等品牌，已发展成为全球顶尖的假发品牌并建立独立平台，产品销往全球 120 多个国家和地区
棒球帽	胶州李哥庄镇生产的运动帽占全国产量半数以上，90% 以上的产品出口欧美、亚非等上百个国家和地区	通过产业带对接会等形式，加强与跨境电商平台的合作。如 shein 棒球帽产业带对接会，吸引了青岛前丰国际帽艺股份有限公司、青岛立枫制帽有限公司等 30 多家企业参加，推动了"跨境电商＋产业带"深度融合	当地众多制帽企业在为国际知名品牌代工的过程中，积累了丰富的生产经验和技术实力。部分企业如青岛前丰国际帽艺股份有限公司，开始推出自有品牌，提升产品附加值，在国际市场上逐渐崭露头角

领域	产业规模	发展模式	品牌建设
美妆睫毛	平度作为全球最大美妆睫毛生产基地，睫毛产量占全球总产量的70%，小小的睫毛产品年产值高达100亿元	当地企业主要通过跨境电商平台直接面向全球消费者，减少了中间贸易环节，提升了利润空间。如平度的美睫源、鑫羽、金蕾等睫毛企业通过速卖通、亚马逊等平台，将产品销往欧美、东南亚等地区，并根据平台大数据反馈，及时调整产品款式和生产规模，生产出更符合市场需求的产品	众多企业注重品牌培育，以高品质产品打造自有品牌，通过参加国际美博会等展会，在国际市场上树立起了良好的口碑，产品受到海外消费者的喜爱
家电	根据海关数据，2024年前8个月，青岛市家用电器出口278.8亿元，同比增长23.3%	海尔、海信等大型家电企业凭借自身品牌和技术优势，在全球范围内建立营销网络，通过跨境电商平台将产品销往世界各地。众多中小家电企业借助跨境电商平台，开展贴牌生产或自有品牌销售。如大东商贸、福库电子、奔腾、华云空气等小型家电企业，通过在阿里国际站等平台上开设店铺，将电热水壶、小型加湿器等产品出口到东南亚、中东等地区	青岛家电品牌在国际上具有较高的知名度和美誉度。海尔以其高端智能家电产品，在全球市场占据一定份额，其推出的智能家居解决方案受到海外消费者的青睐；海信的电视产品在海外市场也很受欢迎，通过不断提升产品画质和智能功能，巩固了其在国际市场的地位
纺织服装	即墨是青岛重要的纺织服装产业基地，拥有众多服装生产企业和完整的产业链条，服装产品通过跨境电商大量出口海外。当地服装产业通过跨境电商实现的年销售额不断增长，在青岛跨境电商出口中占重要地位	企业积极与跨境电商平台合作，开展柔性生产，根据市场需求快速调整产品款式和产量。同时，利用直播带货、达人营销等方式，提升产品的知名度和销量。如即墨的服装企业，与TikTok上的达人合作，展示服装的穿搭效果，吸引了大量海外消费者购买	部分企业注重品牌培育，推出了具有时尚感和品质感的自有品牌。红领集团通过互联网工业发展模式，建立了销售商对消费者（B2C）境外消费价值链和生态圈，打造个性化定制服装品牌，在国际市场上赢得了一定的客户群体

（续表）

领域	产业规模	发展模式	品牌建设
汽车配件	青岛拥有众多汽车配件生产企业，产品涵盖轮胎、轮毂、汽车电子等多个领域。随着跨境电商的发展，汽车配件的出口规模不断扩大，其中轮胎等产品的出口额在全国占据一定份额	企业通过跨境电商平台，与全球汽车维修市场和改装市场建立联系，实现精准营销。同时，一些企业还与国外汽车品牌合作，为其提供配套配件。如青岛的乐星、晶星等汽车电子企业，通过亚马逊平台，将汽车导航系统、车载摄像头等产品销往欧美等地区，与当地的汽车维修商和经销商建立了长期合作关系	以双星、赛轮等为代表的轮胎品牌，在国际市场上具有较高的知名度和市场份额，通过不断提升产品质量和技术水平，打造具有国际竞争力的品牌。双星轮胎通过研发高性能轮胎产品，满足了欧美等市场对轮胎安全性和舒适性的要求，在国际市场上树立了良好的品牌形象
发制品	胶州李哥庄镇作为重要的发制品产地，其发制品产业规模较大，产品远销海外，在全球发制品市场中占据一定份额，与假发产业相互补充，形成了较为完整的发制品产业链	借助跨境电商平台，实现了从传统外贸到线上交易的转型。通过跨境电商产业园的集聚效应，降低了企业的运营成本，提高了产业的整体竞争力。园内企业共享物流、仓储等资源，同时还能开展联合营销等活动	当地企业注重产品质量和品牌形象，打造了一批各具特色的发制品品牌。通过参加国际展会、网络营销等方式，提升品牌的国际影响力

青岛市跨境电商重点领域的发展现状清晰展现出青岛跨境电商的蓬勃动力与稳固根基。这些产业依靠可观的产业规模、丰富多样的创新发展模式，加之不断崛起的品牌力量，已在国际市场上崭露锋芒，为青岛跨境电商的持续壮大筑牢了根基。

第 2 章　行业发展环境

2.1　政策环境

国家高度重视跨境电商的发展，将其视为推动外贸转型升级的重要引擎。山东省紧跟国家步伐，积极出台配套政策助力跨境电商发展。青岛市立足本地实际，制定了一系列具有针对性的政策。在跨境电商综合试验区建设方面，青岛市不断完善管理机制，简化备案、通关等流程，为企业提供一站式服务，如对入驻跨境电商园区的企业给予场地租金补贴，降低企业运营成本；同时，鼓励企业开展跨境电商业务创新，对在模式创新、技术应用创新等方面表现突出的企业进行奖励，以激发企业的创新活力，提升青岛市跨境电商的整体竞争力。

2.1.1　国家跨境电商政策

2013 年 12 月，财政部和国家税务总局联合发布《关于跨境电子商务零售出口税收政策的通知》（财税〔2013〕96 号），明确了跨境电商零售出口货物在增值税、消费税方面的税收政策。通知规定，符合一定条件的出口货物，可适用退（免）税政策，条件包括：企业为增值税一般纳税人且办理出口退（免）税资格认定、货物报关单及收汇等符合规定等；不符合退（免）税条件但满足特定要求的，适用免税政策。这一政策为跨境电商零售出口企业减轻了税收负担，有力地推动了行业的发展。

2014 年 7 月，伴随海关总署《关于跨境贸易电子商务进出境货物、物品有关监管事宜的公告》和《关于增列海关监管方式代码的公告》的推出，政府层面首次认可了跨境电商模式，中国正式进入跨境电商的爆发和快速增长期，跨境电商逐渐进入广大互联网用户的视野。

2015 年 6 月，国务院办公厅印发《关于促进跨境电子商务健康快速发展的指导意见》，指出支持跨境电子商务发展，有利于用"互联网＋外贸"实现优进优出，发挥中国制造业大国优势，扩大海外营销渠道。

2016 年 4 月，财政部、海关总署、国家税务总局联合发布《关于跨境电子商务零售进口税收政策的通知》，明确了跨境电商零售进口商品的税收政策，初始设定单次交易限值为人民币 2 000 元，个人年度交易限值为人民币 20 000 元。在限值以内进口的跨境电商零售进口商品，关税税率暂设为 0%；进口环节增值税、消费税取消免征税额，暂按法定应纳税额的 70% 征收。这一政策调整规范了跨境电商零售进口税收征管，对行业发展产生了重要影响，促使企业在商品定价、供应链管理等方面做出相应调整。

2018 年 11 月，商务部、财政部、海关总署、税务总局等多部门联合发布《关于完善跨境电子商务零售进口监管有关工作的通知》，明确跨境电商零售进口商品按个人自用进境物品监管，不执行首次进口许可批件、注册或备案要求，但对相关商品质量安全风险实施重点监控；同时，进一步明确了参与跨境电商零售进口业务的各方主体责任，包括跨境电商平台企业、物流企业、支付企业等，为行业的规范发展提供了更清晰的指引。

2018 年 11 月，财政部、海关总署、税务总局联合发布《关于完善跨境电商零售进口税收政策的通知》，进一步完善跨境电商零售进口行业的税收政策。

2019年7月，国务院常务会议部署完善跨境电商等新业态促进政策，提出在已设立59个跨境电商综合试验区的基础上，再新设一批；落实对跨境电商零售出口的"无票免税"政策，出台更便利的企业所得税核定征收办法；鼓励搭建服务跨境电商的第三方金融服务平台等。这些举措进一步加大了政府对跨境电商的支持力度，推动跨境电商行业向更高质量发展。

2020年5月，国家外汇管理局发布《关于支持贸易新业态发展的通知》，为从事跨境电商等贸易新业态的市场主体提供了更加便利的外汇管理政策：允许企业以市场采购贸易方式出口货物，可凭交易电子信息办理结汇，放宽了市场采购贸易的结算限制；支持跨境电商企业出口收汇，允许企业根据实际经营需要，自主选择结算方式等，在外汇收支方面为跨境电商企业提供了更多灵活性。

2021年3月，商务部、发展改革委、财政部、海关总署、税务总局、市场监管总局等多部门联合发布《关于扩大跨境电商零售进口试点的通知》。该通知的发布是国家在跨境电商领域的一项重大举措，旨在通过拓展试点范围释放政策红利，为行业发展注入新动力。根据通知要求，跨境电商零售进口试点范围进一步扩大，覆盖至所有自贸试验区、跨境电商综试区、综合保税区、进口贸易促进创新示范区、保税物流中心（B型）所在城市（及区域）。这一举措突破了原有的地域限制，为更多地区的跨境电商企业打开了发展新局面，为跨境电商行业提供了更为广阔的发展空间，有力地推动了跨境电商行业的蓬勃发展。

2021年6月，商务部印发《"十四五"商务发展规划》，明确提出开展跨境电商"十百千万"专项行动，目标是到2025年，跨境电商等新业态的外贸占比提升至10%。规划还设定了2035年远景目标：消费大国地位进一步稳固，形成对外开放新格局，商务数字化、绿色、安全发展达到更高水平，成为全球经济治理的重要贡献者和引领者。"十四五"时期，努力实现以下目标：建设强大国内市场取得新成效，推动高水平开放迈出新步伐，参与全球经济治理彰显新担当，防范化解风险能力得到新提升。

2021 年 7 月，国务院发布《国务院办公厅关于加快发展外贸新业态新模式的意见》，要求积极支持运用新技术、新工具赋能外贸发展：在全国适用跨境电商 B2B 直接出口、跨境电商出口海外仓监管模式，完善配套政策，优化跨境电商零售进口商品清单；鼓励传统外贸企业参与海外仓建设，提高海外仓数字化、智能化水平，促进中小微企业借船出海，带动国内品牌、双创产品拓展国际市场空间；支持企业加快重点市场海外仓布局，完善全球服务网络，打造中国品牌的运营销售渠道。

2021 年 10 月，商务部、中央网信办、发展改革委发布《"十四五"电子商务发展规划》，提出电子商务发展主要指标：预期到 2025 年电子商务交易额达到 46 万亿元，全国网上零售额达到 17 万亿元，相关从业人员达到 7 000 万人，工业电子商务普及率达到 73%，农村电子商务交易额增长至 2.8 万亿元，跨境电子商务交易额增长至 2.5 万亿元。

2022 年 9 月，商务部发布《支持外贸稳定发展若干政策措施》。该措施着重强调加大出口信用保险对海外仓建设运营的支持力度，助力海外仓企业有效抵御经营风险，提升海外仓的建设质量与运营稳定性。在货物运输方面，积极支持海外仓出口货物的高效运输，着力优化物流配送环节，保障货物及时、准确送达目的地。同时，加快推进便利跨境电商出口退换货税收政策的出台，旨在进一步降低跨境电商企业在出口退换货业务中的成本，提升企业应对市场售后需求的灵活性，促进跨境电商行业的稳健发展。

2023 年 1 月，财政部、海关总署、税务总局联合发布《关于跨境电子商务出口退运商品税收政策的公告》，规定对符合规定的跨境电商出口退运商品免征进口关税和进口环节增值税、消费税，出口时已征收的出口关税准予退还。这一政策有效降低了跨境电商企业出口退运成本，减轻了企业负担，增强了企业应对市场风险的能力，进一步支持了跨境电商行业的稳定发展。

2024 年 4 月 26 日，商务部印发《数字商务三年行动计划（2024—2026年）》，提出一系列具体举措。例如，开展"数商兴贸"行动、优化跨境电商出口监管方式；组织跨境电商综试区开展平台和卖家出海等专项行动；支持跨境电商赋能产业带，引导传统外贸企业发展跨境电商，建立线上线下融合、境内境外联动的营销服务体系；提升海外仓专业化、规模化、智能化水平。同时开展"数商扩消"行动：促进跨境电商零售进口行业规范健康发展；鼓励"丝路电商"伙伴国企业在中国电商平台设立展销专栏等。

2024 年 6 月 12 日，商务部等 9 部门发布《关于拓展跨境电商出口推进海外仓建设的意见》，提出积极培育跨境电商经营主体，加大金融支持力度，加强相关基础设施和物流体系建设，优化监管与服务，积极开展标准规则建设与国际合作。该意见鼓励金融机构创新金融产品和服务，为跨境电商企业提供多元化的融资渠道，支持海外仓建设和运营，推动跨境电商出口高质量发展。

2024 年 11 月 25 日，海关总署发布《海关总署公告 2024 年第 167 号（关于进一步促进跨境电商出口发展的公告）》，明确取消跨境电商出口海外仓企业备案，简化出口单证申报手续，扩大出口拼箱货物"先查验后装运"试点范围，推广跨境电商零售出口跨关区退货监管模式。这些措施进一步提升了跨境电商出口的便利化水平，降低了企业运营成本，提高了物流效率，为跨境电商出口创造了更有利的发展环境。

2025 年 1 月 27 日，国家税务总局发布《关于支持跨境电商出口海外仓发展出口退（免）税有关事项的公告》。公告规定，纳税人以出口海外仓方式出口的货物，申报出口退（免）税时，货物已实现销售的，按现行规定申报；

货物尚未销售的，采用"离境即退税、销售再核算"方式，先申报出口预退税，后续再核算。申报明细表的"退（免）税业务类型"栏内要填报"海外仓预退"标识；需区分已售和未售货物；生产企业应当使用单独申报序号、外贸企业应当使用单独关联号；出口货物报关单同一项号下货物未全部实现销售时，可区分已售、未售分别申报，未区分则统一申报出口预退税。已申报出口预退税的纳税人，应在核算期截止日前的各增值税纳税申报期内办理出口预退税核算，外贸企业经主管税务机关同意可不受申报期限制。核算时，按货物销售和税额差异情况，在信息系统勾选"无需调整申报""需要调整申报"选项进行处理。

2.1.2　山东省跨境电商政策

在跨境电商已成为国际贸易增长新引擎的背景下，山东省委、省政府紧跟中央步伐，高度重视跨境电商发展。

2015 年 7 月，山东省人民政府办公厅印发《山东省跨境电子商务发展行动计划》，提出实施跨境电子商务"635 工程"：到 2017 年力争培育 600 家跨境电子商务领军企业，建设 30 个省级跨境电子商务园区、50 个跨境电子商务公共海外仓；并在培育壮大跨境电子商务主体队伍、打造跨境电子商务产业聚集区、加快建设跨境电子商务公共海外仓、推动外贸转型升级、加快跨境电子商务进口发展等方面明确了重点工作任务。

2016 年 11 月，山东省人民政府发布《关于同意在济南等 5 个城市设立省级跨境电子商务综合试验区的批复》，同意在济南市、烟台市、潍坊市、威海市、日照市设立省级跨境电子商务综合试验区，要求试验区建设要贯彻创新、协调、绿色、开放、共享的新发展理念，在跨境电子商务交易、支付、物流等环节先行先试，打造完整产业链和生态圈。

2018 年起，跨境电商零售进口监管过渡期政策适用范围新增青岛等 5 个城市，山东省跨境电商发展进入新时代。青岛海关通过电子系统实现跨境电商企业及口岸管理部门的信息共享和数据交换，并在企业备案、审单、征税、放行等环节实施通关无纸化作业，为企业提供快捷的通关服务。

2020年10月，山东省人民政府办公厅出台《山东省跨境电子商务等新业态提升发展行动计划（2020—2022年）》。该计划实施后，成效显著，进一步激发了跨境电商的发展潜力。截至2022年年底，全省新增跨境电商相关企业超2 000家，跨境电商进出口额累计突破1 200亿元，远超计划中突破1 000亿元的目标。

2022年2月，山东省人民政府发布《山东省人民政府关于促进电子商务高质量发展若干措施的通知》。文件从实施网络零售倍增行动、强化迁入店铺服务保障、加快直播电商发展等多个方面提出具体措施，为电子商务包括跨境电商的高质量发展提供了保障。政策施行后，有力推动了全省网络消费提质增效，到2023年年底，全省网络零售额达1.1万亿元，超过预期目标。

2023年7月，山东省人民政府办公厅印发《山东省跨境电商跃升发展行动计划（2023—2025年）》，提出创新提升"跨境电商＋产业带"模式、支持跨境电商企业做大做强、培育跨境电商知名品牌、创新跨境电商金融支持、提升海外仓建设运营水平、构建专业高效的跨境物流体系、优化跨境电商人才培养、扩大跨境电商零售进口、提升贸易便利化水平、落实跨境电商税收政策、加强跨境电商国内外交流等11个方面重点工作任务，力争到2025年，全省打造20个跨境电商特色产业带，培育100个具有较强国际竞争力的跨境电商知名品牌，孵化1 000家跨境电商新锐企业。

2024年1月，山东省人民政府出台《关于支持中国—上海合作组织地方经贸合作示范区高质量发展的意见》，文件中5次提到"跨境电商"，提出"拓展贸易新业态新模式"，加快提升跨境电商量级。

2.1.3　青岛市跨境电商政策

2016 年 3 月，根据《国务院关于同意在天津等 12 个城市设立跨境电子商务综合试验区的批复》要求，青岛市出台《中国（青岛）跨境电子商务综合试验区建设实施方案》。该方案聚焦打造完整的跨境电子商务产业链和生态圈，核心在于建设"两大平台、六个体系"，同时构建五大发展机制，推进"四合一"发展模式。线上综合服务平台着力实现政府管理部门间"信息互换、监管互认、执法互助"，线下综合支撑平台则采用"一区多园"模式，信息共享体系建设推动监管部门的信息互联互通；建立信息共享体系，建立金融服务体系，建立智能物流体系，建立电子商务信用体系，建立风险防控体系，建立统计监测体系。方案的实施为青岛市跨境电商发展奠定了坚实基础，吸引了众多企业入驻，推动了区域跨境电商行业的初步发展。

2018 年 5 月，青岛市商务局与财政局联合印发《关于支持跨境电子商务做优做强政策措施的通知》，提出要多管齐下推动跨境电商发展。在业务拓展方面，鼓励企业开展 9610、1210、1239 等业务，对增长快、贡献大的企业给予资金奖励；对行业领军企业及省内骨干企业在青岛设立区域性总部或功能性机构，且零售额达到一定规模的，给予一次性落户奖励。在基础设施建设上，支持跨境电商查验服务平台和公共海外仓建设，对相关软、硬件设施投入和运营维护费用给予扶持。在支撑体系完善上，支持建立跨境电商产品质量安全风险监测中心，对检测费用给予资金支持，同时扶持跨境电商综合服务企业发展。在政策助力下，2019 年下半年，莱西市就有 3 家企业因开展跨境贸易电商业务，按政策规定获得 200.96 万元扶持资金。

2023 年 4 月，青岛市商务局、市财政局联合出台《关于加快推进跨境电商高质量发展若干政策措施的实施细则》。在政策扶持上，对跨境电商出口独立站，若年度跨境电商出口规模超 2 000 万元，按相关投入的 50% 给予支持，最高可获 10 万元扶持；获评 2022 年省重点培育的跨境电商平台，年度进出口规模达 3 000 万元、5 000 万元的，分别可获最高 20 万元、50 万元扶持；获评 2022 年省级重点培育公共海外仓的建设主体企业，年度出口业务额达 3 000 万元、2 亿元的，分别可获最高 50 万元、100 万元奖励；设立跨境电商公用型仓库，年度贸易额超 20 亿元、40 亿元的，分别可获最高 100 万元、200 万元奖励。这些政策有力推动了当地跨境电商企业的发展壮大，提升了企业的市场竞争力。

2023 年 8 月，青岛市人民政府办公厅出台《青岛市加快推进跨境电商高质量发展若干政策措施》。该政策积极支持跨境电商全模式发展，以青岛自贸片区为例，已成功实现跨境电商 9610（B2C）进出口、1210（B2C）进出口、9710 出口（B2B）、9810 出口（企业出口至海外仓）全模式的通关服务功能。2022 年，该片区 1210 保税备货进口单量突破 2 500 万单，年进口额超 50 亿元。青岛自贸片区还打造了 7 000 平方米的中日韩消费专区跨境电商体验中心，建设跨境电商直播基地、跨境电商仓配体系，引进菜鸟华东（青岛）核心仓项目，规划建设约 100 万平方米高标准保税仓库。这些举措极大地促进了青岛市跨境电商的蓬勃发展，提升了其在全国跨境电商领域的影响力。

2024 年 1 月，青岛市发布的《关于高质量建设中国—上海合作组织地方经贸合作示范区的若干措施》中 4 次出现"跨境电商"，提出"大力发展'丝路电商'"。

2024 年 5 月，青岛市商务局联合市财政局印发《2024 年度青岛市加快推进跨境电商高质量发展若干政策措施实施细则》。细则规定：对于企业建设海外仓，要求公共海外仓面积 2 000 平方米以上，服务青岛市跨境电商企业数量超过 10 家，且当年度实现跨境电商（B2B）出口贸易额达到一定规模的，择优遴选 10 家分三档给予资金支持，最高不超过 50 万元；对跨境电商出口平台企业开设境外子网站或独立页面，按当年度硬件投入或运维研发等资金投入 50% 的标准，给予最高 10 万元的一次性扶持。这一系列政策为青岛市跨境电商企业进一步拓展海外市场提供了有力支持，激发了企业的创新活力和发展动力。

2024 年，青岛市为进一步推动跨境电商发展，出台了《加快推进中国（青岛）跨境电商综合试验区高质量发展行动计划（2024—2026 年）》。其核心内容包括：精准招引跨境电商重点项目和产业链核心企业并提供"一事一议"政策支持；加大对省级跨境电商市场主体的服务力度，培育本地龙头企业；整合升级跨境电商产业园；优化跨境电商供应链体系；提升跨境电商综试区公共服务平台效能；鼓励企业在境外布局公共海外仓；支持企业建设独立站；强化跨境电商人才队伍建设等，以推动青岛跨境电商高质量发展，提升其国际竞争力和影响力。

这些政策文件的出台，体现了国家、山东省，以及青岛市对跨境电商行业的重视和支持，旨在通过提供政策引导和资金支持，促进跨境电商行业健康发展，提升外贸质量和效益。

2.2　经济环境

青岛是我国重要的沿海经济中心城市，经济发展迅猛，实力雄厚。青岛制造业发达，拥有家电、纺织服装、汽车配件等多个优势产业，为跨境电商出口提供了丰富的优质货源。2024 年，青岛地区生产总值稳步增长，居民消费能力不断提升，不仅带动了本地电商市场的繁荣，也为跨境电商的发展提供了经济基础。此外，青岛港作为北方重要的港口，货物吞吐量持续增长，高效的物流体系降低了跨境电商的运输成本，促进了商品的快速流通。

2.2.1　总体经济实力奠定坚实基础

从 GDP 数据来看，2018—2023 年，青岛市 GDP 持续增长，2018 年为 10 949.38 亿元，2023 年达到 15 760.34 亿元。2024 年上半年，青岛市 GDP 达到 7 978.67 亿元，位居山东省榜首。2024 年前三季度，全市实现地区生产总值 12 400 亿元，同比增长 5.6%（见表 2-1）。强大的总体经济实力为青岛市跨境电商的发展提供了坚实的基础。

表 2-1　青岛市经济状况与跨境电商相关数据

经济指标	2023 年相关数据	2024 年相关数据
GDP	15 760.34 亿元，同比增长 5.9%	前三季度 12 400 亿元，同比增长 5.6%
规模以上工业增加值	—	1—10 月同比增长 9.4%
服务业增加值	9 999.2 亿元，占地区生产总额比重 63.4%	1—9 月规模以上服务业企业营业收入同比增长 13.1%
外贸进出口总额	8 759.70 亿元，同比增长 4.6%	1—10 月 7 547.2 亿元，同比增长 3%
社会消费品零售总额	6 318.90 亿元，同比增长 7.3%	1—10 月限额以上消费品零售额同比增长 7%
本外币各项存款余额	—	10 月末 28 200 亿元，同比增长 4.9%
本外币各项贷款余额	—	10 月末 31 800 亿元，同比增长 7.4%
跨境电商进出口规模	850 亿元	超 1 000 亿元，同比增长超 10%
备案跨境电商企业	—	2 385 家

一方面，政府拥有更多的资源用于基础设施建设、政策扶持等，为跨境电商的发展营造了良好环境。青岛西海岸新区打造的青岛跨境电商产业园，坐落在山东自由贸易试验区青岛片区和全国进口贸易促进创新示范区内，是青岛市外贸产业高质量发展重点示范项目，总占地面积 638 亩，拥有保税物流中心（B 型）、跨境电商创客创业中心、中日韩消费专区电商体验中心、航

空物流超级货站 & 国际快件监管中心、RCEP 青岛经贸中心及东北亚冷鲜食材加工交易基地等载体项目，是目前国内唯一涵盖跨境电商、一般贸易、海运国际快件和航空物流超级货站功能的综合性园区。截至目前，园区吸引了唯品会、京东、抖音、菜鸟、天猫国际、淘分销、小红书等平台入驻，汇聚了大量国内领先的跨境电商平台。同时，园区通过出口对接亚马逊、eBay 等平台开展云仓、FBA、国际物流等业务，是全国跨境电商产业发展的重要阵地。园区先后被评为山东省跨境电子商务产业聚集区、山东省重点培育的跨境电商产业园、山东省现代服务业集聚区等。

另一方面，青岛市吸引了大量的人才、资金等要素集聚，为跨境电商企业的发展提供了人力和资金支持，不少金融机构为跨境电商企业提供融资服务，助力企业拓展业务。如青岛农商银行已助力青岛欧顺航跨境电子商务有限公司开行 8 列跨境电商班列（俄罗斯方向占比达到 80%）。欧顺航跨境电商班列主要服务菜鸟海外仓、速卖通、俄罗斯独立站等跨境电商客户。2023 年 7 月 17 日，青岛农商银行通过国家外管局跨境金融服务平台项下中欧班列"齐鲁号"仓单融资应用场景，为上合示范区青岛欧顺航跨境电子商务有限公司提供基于电子仓单质押的融资贷款 10 万元。这是山东省首笔该业务场景下的仓单融资业务，实现了货物当天入库、融资当天到账，解决了企业仓单融资难、监管难的问题。

兴业银行青岛分行针对亚马逊出口跨境电商卖家，签约全行首批跨境电商业务，卖家可以通过跨境电商金融服务平台实现资金收付和管理，并完成总行跨境电商平台首笔亚马逊阿联酋站的业务入账。

中信银行青岛分行与中国信保山东分公司携手合作，通过开展"进万企—春雷行动"活动、落地信保融资全渠道产品等，帮助企业防风险、拓市场、稳订单，助力外贸企业"走出去"，如推出"信保白名单"，推广"白名单 + 保单"纯信用低风险信保融资，为企业办理免抵押、免担保的信保融资业务；推出"信保池融资"模式，满足企业出口订单"化零为整""打包融资"需求；针对小微出口企业，推出"出口 E 贷"，基于海关、信保大数据，自动授信、自动放款。

2.2.2 工业生产提供丰富的产品资源

2024 年 1—11 月，青岛全市规模以上工业增加值同比增长 9.4%，35 个大类行业中，28 个行业实现增长，增长面达 80%；装备制造业增加值增长 10.5%，占规模以上工业增加值的比重为 52.7%；高技术制造业增长 12.4%，占规模以上工业增加值的比重为 12.0%。青岛制造业门类齐全，产业带链条完整、基础雄厚，目前已形成假发、家用电器、纺织服装、汽车配件、美妆等优势产业带。丰富的工业产品为跨境电商提供了充足的货源。例如青岛酷特智能股份有限公司是"老牌"服装生产企业，近年来研发了个性化智能定制服装业务，通过跨境电商渠道将定制西装出口到欧美，2022 年一季度公司通过跨境电商渠道出口的定制西装等货物出口额就超过 1 300 万元，较同期增长了 11%。

青岛海森林发制品集团股份有限公司是青岛假发产业带的重要企业之一。近年来，该公司借助跨境电商平台积极拓展海外市场，通过与速卖通、亚马逊等跨境电商平台合作，其产品畅销欧美、非洲、东南亚等地区。2024 年 1—10 月，公司通过跨境电商实现的销售额同比增长 25%。在技术创新方面，该公司投入大量资金进行研发，推出了一系列新型假发产品，如采用新型环保材料制作的假发，不仅佩戴更加舒适，而且环保，深受海外消费者青睐。此外，公司还利用跨境电商平台的数据反馈，精准把握市场需求，及时调整产品设计和生产策略，进一步提高了产品的市场竞争力。

青岛海联金汇科技股份有限公司在汽车配件领域表现突出。公司具备强大的研发和生产能力，产品涵盖汽车安全结构总成、汽车轻量化零部件等多个领域。在跨境电商领域，公司积极开拓海外市场，与多家国际知名汽车制造商建立了长期合作关系。通过跨境电商平台，公司能够及时了解海外客户的需求，为客户提供定制化汽车配件解决方案。2024 年，公司的跨境电商业务继续扩大，出口额实现了 15% 的增长。公司注重产品质量和技术创新，不断加大在研发方面的投入，推出了多项具有自主知识产权的汽车配件产品。如公司研发的一款新型汽车轻量化铝合金零部件，相比传统零部件重量减轻了 20%，同时强度和耐用性得到了显著提升，在国际市场上具有很强的竞争力。

青岛绮丽集团整合了美妆产品的研发、生产、销售等多个环节，形成了较为完整的产业链。集团旗下的美妆品牌通过跨境电商平台将产品出口到韩国、日本、欧美等市场。在产品研发上，绮丽集团与国内外多家科研机构合作，不断推出符合国际市场需求的美妆产品。例如公司推出的一款天然植物成分的护肤品，凭借温和不刺激的特点，在日本市场受到了消费者的广泛好评。2024 年 1—10 月，绮丽集团美妆产品的跨境电商销售额增长迅速，同比增长了 30%。集团还通过跨境电商平台开展线上营销活动，如直播带货、社交媒体推广等，进一步提升了品牌在海外市场的知名度和影响力。

2.2.3　服务业发展助力跨境电商生态完善

2024 年前三季度，青岛全市服务业增加值达 7 893.75 亿元，占全市生产总值的 63.7%。2024 年 1—9 月份，青岛全市规模以上服务业企业营业收入同比增长 13.1%。其中，与跨境电商密切相关的物流、金融等服务业发展良好。在物流方面，青岛胶东国际机场拥有韩国首尔、加拿大多伦多等 8 条货机航线，青岛港航线总数达 223 条，遍及 180 多个国家和地区的 700 多个港口。青岛还利用海运快件监管中心，实现了对日韩的定期班轮"当日达""次日达"。2024 年青岛机场累计完成航空货邮吞吐量 28 万吨，山东港口货物吞吐量和集装箱吞吐量均实现了新的跨越。如青岛海程邦达依托青岛发达的物流体系,为跨境电商企业提供高效的物流服务。公司利用青岛港的众多航线,将大量电子产品运往欧洲市场。在 2024 年的"黑色星期五"促销活动前,客户有大批电子产品急需运往德国,海程邦达借助青岛港便捷的运输网络,通过海运快速将货物送达,保障了客户在促销期的商品供应。同时,公司还利用青岛胶东国际机场的货机航线,通过空运完成紧急补货订单,确保商品及时上架,满足消费者需求。

在金融服务上,2024 年,青岛市获批跨境金融服务平台"港云仓"仓单融资应用场景试点,截至 2024 年 11 月,该平台累计电子仓单融资额超 54 亿元。众多金融机构推出针对跨境电商的外汇结算、融资贷款等业务,既降低了汇率波动对企业的影响,又解决了企业资金周转难题。如青岛某家主营工艺品出口的跨境电商企业,业务遍布全球。在日常经营中,该企业涉及大量外币结算,汇率波动和结售汇流程复杂一直是该企业头疼的问题。2024 年,中国工商银行青岛分行主动与该企业对接,为其定制了专属的便捷结售汇服务方案。通过线上操作平台,企业可以实时查询汇率并进行结售汇操作,大大节省了时间成本。在一次与欧洲客户的交易中,企业因及时完成结汇,避免了汇率波动带来的损失,资金流转效率大幅提升,也为企业后续业务开展提供了有力支持。

此外,青岛现有直播电商企业 5 300 余家,2024 年进行了 103 万场直播,网络零售额达到 519.2 亿元。直播电商的发展为跨境电商提供了新的营销方式,网络直播可以让海外消费者更直观地了解产品,促进销售。如青岛美播科技有限公司专注跨境直播电商服务。2024 年,该公司为青岛多家美妆企业进行了跨境直播,通过专业的主播团队,多语种直播展示美妆产品的特点和使用方法,吸引了来自美国、日本等多个国家的消费者关注。在直播过程中,主播及时解答消费者提问,配合限时优惠活动,激发了消费者购买欲望。直播结束后，青岛美妆企业的产品销量在短期内大幅增加，品牌知名度也得到显著提升，为企业拓展国际市场打开了新局面。

2.2.4　外贸繁荣营造良好的市场氛围

2024 年 1—10 月，青岛全市外贸进出口总值 7 547.2 亿元，同比增长 3%，其中出口 4 346.2 亿元，增长 10%。良好的外贸进出口态势为跨境电商发展营造了活跃的市场氛围和成熟的贸易环境。

一方面，众多外贸企业已积累了丰富的国际贸易经验、大量的客户资源和成熟的销售渠道，转型跨境电商有天然优势。如山东港中建材集团自 2009 年起依托阿里巴巴国际站、亚马逊等平台开始涉足跨境电商，从传统钢铁出口贸易向多元化经营转型。集团凭借优质的产品和良好的信誉积累了丰富的外贸经验，企业在阿里国际站精准展示产品信息，利用数据分析调整策略；在亚马逊平台销售产品，完善售后服务，提升品牌知名度。如今山东港中建材的经营范围已拓展至钢铁贸易、建筑材料综合供应及跨境电商平台服务三大板块，业务遍布全球，成为行业转型发展的典范。

青岛即发集团是一家以纺织服装、发制品为主业的大型企业。在传统外贸模式下，即发集团长期为国际知名品牌代工，积累了精湛的生产工艺，建立了严格的质量管控体系。随着跨境电商的兴起，即发集团积极转型，利用自身在产品质量方面的优势打造自有品牌。通过在亚马逊、eBay 等平台开展跨境电商业务，公司将高品质的服装和发制品直接推向海外市场。同时，公司拥有之前与国际品牌合作建立的物流网络和售后服务体系，这为跨境电商业务拓展提供了有力保障。在产品推广上，即发集团利用社交媒体进行品牌宣传，吸引了大量海外消费者关注。2024 年，公司跨境电商业务在欧洲市场的销售额增长了 40%，成功实现了从传统外贸到跨境电商的转型升级。

另一方面，青岛外贸的快速发展，推动海关、税务等部门在监管和服务方面更加成熟和高效，这为跨境电商企业通关、退税等提供了便利。青岛海关陆续推出了优化营商环境、促进跨境贸易便利化的 10 项措施，编制《跨境电商海关通关指引和合规运营风险提示》，启动跨境电商零售出口（9610）商品跨关区退货试点，提高了通关效率。

青岛绮丽集团便是青岛海关相关政策调整受益的典型跨境电商企业。青岛绮丽集团一直致力于将优质的青岛服装产品推向国际市场。在海关推出一系列便利化措施前，该集团出口服装时常常面临通关流程烦琐、耗时较长等问题，货物积压不仅影响了新款式的及时上架销售，还增加了仓储成本。在青岛海关推出优化营商环境、促进跨境贸易便利化的 10 项措施后，通关申报流程得到了极大简化，海关查验效率也大幅提升。例如在某重要产品的销售旺季前，一批新款时尚服装急需出口，以往可能需要几天才能完成申报到查验放行的流程，现在借助海关的高效机制，仅用几个小时就完成了通关，让新款服装顺利赶上了海外销售黄金期。当涉及跨境电商零售出口（9610）商品跨关区退货时，海关启动的退货试点政策也发挥了重要作用。利用该政策，绮丽集团能够快速处理退货商品，避免了大量退货商品积压在海外仓库，有效减少了库存压力和资金占用，大大降低了运营成本，使得企业能够专注于产品的研发和市场拓展。

2.2.5　消费市场变化促使企业创新发展

2024 年 1—10 月，青岛全市限额以上消费品零售额同比增长 7%，其中通过公共网络实现的商品零售额增长 29.7%。

一方面，本地消费市场的繁荣促使企业更加注重产品质量和品牌建设，这种理念也影响了跨境电商业，推动青岛市跨境电商企业提升产品品质，打造国际品牌。如青岛的一些美妆企业，本身就注重产品研发和品牌推广，它们在通过跨境电商将产品推向海外市场的过程中获得了较好的口碑。青岛凯莱诗化妆品有限公司依托美睫和美甲等美妆产品的传统外贸出口业务，打造了稳定的供应链体系。近年来该公司在跨境电商平台和海外线下美妆连锁渠道先后发力，通过在海外注册公司、申请商标、申请专利、招募管理人才等本土化探索，完成了从出口创汇到海外创牌的初步尝试；青岛谷雅国际电子商务有限公司一直致力于假发、美妆产品的跨境电商零售出口（B2C）业务，旗下品牌（Uniwigs、LaVividHair）产品销往全球 120 多个国家和地区。该公司为中国（青岛）跨境电商综合试验区首批示范企业，2021 年经评审入选山东省重点支持的跨境电商平台，2022 年度荣获青岛市"专精特新"中小企业称号。Uniwigs 秉承"关爱、时尚、个性"的品牌理念，品牌社交媒体账号仅北美地区的粉丝就已超过 100 万，该品牌还先后与 5 000 多个网络媒体达人合作，形成了独特的网络营销模式。近三年公司推行 O2O 模式，线上、线下融合销售，并实现了品牌本地化。

另一方面，需求多元化和消费市场的快速变化，也为跨境电商企业提供了更多的产品创意和市场灵感，促使企业不断创新和优化产品。作为全球领先的家电企业，海尔智家通过跨境电商将大量智能家电产品出口到海外。2024 年上半年，海尔智家实现了 708.24 亿元的海外营收，同比增长 3.7%。在美国，GE Appliances 自从被海尔并购以来一直是美国增长最快的家电公司；在日本，海尔智家产品在白色家电市场销量第一；在欧洲，海尔智家旗下的斐雪派克连续 8 年成为当地市场增长最快的家电品牌。海尔还针对不同海外市场推出特色产品，如在尼日利亚推出"停电 100 小时不化冻"的冷柜和发电机专用空调等。

海信在智能家电领域实力强劲，其智能大屏冰箱依托自主研发的智能家居平台 ConnectLife，可连接并控制全屋智能家电，还具有食材管理等功能。2024 年 1—11 月，售价近 3 000 欧元的海信智能大屏冰箱在海外市场销量同比增长 150%。海信电视在德国市场表现出色，2024 年 6 月，海信电视在德国市场的占率达到 15.2%，同比增长 3.4 个百分点，稳居中国品牌之首。

青岛赛迈德电器有限公司是青岛综试区首批跨境电商"品牌出海"优秀案例，该公司专注家电领域差异化营销，通过跨境电商拓展海外市场，扩大品牌影响力。

2.2.6　金融机构提供资金支持

2024 年 10 月末，青岛全市本外币各项存款余额 2.82 万亿元，同比增长 4.9%；本外币各项贷款余额 3.18 万亿元，增长 7.4%。金融市场的稳健运行为跨境电商行业的发展提供了有力的资金支持。银行等各类金融机构为跨境电商企业提供了多种金融产品和服务，如贸易融资、应收账款质押贷款等，帮助企业解决资金周转问题。青岛某家居用品跨境电商公司主要通过线上平台向全球销售特色家居用品。随着业务的拓展，公司在采购旺季出现了资金短缺问题。当地一家银行了解情况后，依据其过往的贸易记录和订单情况，为其提供了贸易融资服务。银行快速审批并发放了一笔资金，让企业顺利采购到了充足的优质原材料，及时完成了订单生产。这笔融资不仅解决了企业资金周转难题，还助力企业在旺季销售额增长了 30%。通过此次合作，企业与银行建立了长期稳定的合作关系，为企业的持续发展奠定了坚实基础。

2024 年，青岛某主营家居用品的跨境电商企业，在业务扩张期面临资金周转难题。青岛银行根据该企业的经营数据和跨境电商平台销售记录，为其提供了一笔无抵押融资贷款，解决了企业采购原材料和扩大仓储的资金需求。同时，银行还为该企业提供了外汇风险管理方案，利用远期结售汇工具，帮助企业锁定汇率，保障了企业利润。

同时，跨境电商的飞速发展也吸引了众多风险投资机构关注跨境电商领域，为创新型跨境电商企业提供资金支持和战略指导，推动行业创新发展。青岛创智新程是一家专注于智能跨境电商物流解决方案的创业公司，公司自主研发了先进的物流管理系统。凭借自身巨大的发展潜力，公司吸引了青岛本地某家知名风险投资机构的关注并获得数百万元投资。获得资金后，创智新程迅速扩大研发团队、优化物流管理系统，提升了系统的智能化水平和稳定性。同时，公司利用资金拓展海外市场，与多个国际物流企业建立合作，业务范围迅速拓展到全球多个国家，成为跨境电商物流领域的新兴力量，推动了行业的创新发展。

2.2.7　政策支持引导行业健康发展

近年来，青岛市出台了一系列支持跨境电商发展的政策：2023 年，出台《青岛市加快推进跨境电商高质量发展若干政策措施》，积极支持跨境电商全模式发展，2024 年，出台《2024 年度青岛市加快推进跨境电商高质量发展若干政策措施实施细则》，对企业建设海外仓、跨境电商出口平台企业开设境外子网站或独立页面等给予资金支持。这些政策吸引了更多企业投身跨境电商行业，促进了产业的集聚和发展。如青岛西海岸新区保税物流中心在政策支持下成为山东省唯一以跨境电商为特色的保税物流中心，并首创"一仓发全网、一仓采全网、一仓调全网、一仓播全网"的高效率一仓模式。

玉欣自贸智税团队发现辖区内刚开展跨境电商出口海外仓（9810）业务的企业存在退税慢、占用资金压力大的问题时，团队大胆进行制度创新，在全国率先推出海外仓出口退税新模式：对报关离境并进入海外仓的货物，辅导企业健全财务核算制度，引导跨境电商企业用足用好现行出口退税政策，实现出口海外仓货物的退税申报时间提速 67% 以上。这一模式推出后，青岛自贸片区"9810"业务迅猛发展。

2022 年 12 月 1 日上午，青岛海蛛供应链管理有限公司的一批家用电器在青岛自贸片区顺利申报，并经黄岛海关监管放行，发往位于美国洛杉矶的海外仓。这是青岛自贸片区首票跨境电商"1210"出口海外仓零售业务，也是青岛关区首票跨境电商出口海外仓零售业务。跨境电商特殊区域出口海外仓零售模式可实现入区即退税，具有退税流程简便、周期短、效率高等优势。该模式的落地，是青岛跨境电商政策支持的成果，对青岛乃至山东的跨境电商出口产业发展起到了引领和示范作用。

2022 年以来，在青岛自贸片区政策支持下，西海岸综合保税区推动绿辰公司成功构建起集一般贸易电商、跨境电商、直播电商于一体的"三电合一"电商新业态和新模式。2022 年 1 月份，绿辰公司首单一般贸易商品保税仓电商"一件直发"业务试单成功，率先在全国创新发展一般贸易商品保税仓电商 B2C 新模式；8 月，公司跨境电商公共保税备货仓通过海关验收并正式启用，公司国际业务从传统 B2C 升级为跨境电商 B2C。这一系列成果为促进西海岸综保区的产业转型升级奠定了坚实的基础。

2.3 技术环境

在技术方面，青岛市不断加大投入，推动跨境电商行业技术创新，云计算、大数据、人工智能等技术在跨境电商领域得到广泛应用。技术的进步无疑是推动跨境电商发展的关键力量，尤其是互联网技术和物流技术的革新，深刻地改变了跨境电商的运营模式、市场格局，以及消费者的体验。

2.3.1 互联网技术对青岛市跨境电商的影响

2.3.1.1 网络基础设施的完善与普及

1. 数据分析：2023 年，青岛市固定互联网宽带接入端口达到 898.7 万个，移动宽带网络也实现了全面覆盖，4G 网络人口覆盖率达到 98% 以上，5G 网络正在加速布局，已开通 5G 基站 3.78 万个，实现了主城区和重点区域的广泛覆盖。青岛市的互联网普及率逐年上升，截至 2024 年年底，互联网用户达到 750 万人左右，普及率达 79%，其中移动互联网用户占比超过 90%。

2. 影响分析：高速稳定的网络基础设施为青岛市跨境电商企业提供了坚实的技术保障。企业可以更加顺畅地开展线上业务，包括产品展示、在线交易、客户服务等。网络的普及使得更多的消费者能够接触到跨境电商平台。无论是城市还是农村地区，消费者都可以通过手机、电脑等终端设备轻松访问跨境电商平台，购买全球商品，这极大地拓展了跨境电商的市场空间。

2.3.1.2　电商平台的创新与发展

1. 数据分析：青岛市跨境电商平台数量不断增加，截至 2024 年，全市共有各类跨境电商平台 341 个，其中年交易额超过 1 亿元的平台约 50 个。这些平台涵盖了综合类、垂直类等多种电商平台类型，满足了不同企业和消费者的需求。青岛市跨境电商平台的交易规模持续增长，2024 年全市跨境电商平台进出口交易额超 1 000 亿元，同比增长超 10%。

2. 影响分析：电商平台的创新发展日新月异，如青岛跨境公服平台、AI 国际未来产业管理平台等跨境电商平台引入人工智能技术，增加了智能推荐、智能客服等功能。智能推荐系统可以根据消费者的浏览历史、购买行为等数据，为其精准推荐感兴趣的商品，提高了商品的曝光率和销售转化率。智能客服则可以 24 小时全天候为消费者提供咨询服务，及时解决消费者的问题，提升了消费者的购物体验。平台的发展也促进了跨境电商生态的完善。平台上聚集了众多的供应商、物流企业、支付机构等，形成了完整的产业链。企业可以在平台上一站式解决采购、销售、物流、支付等问题，降低了运营成本，提高了运营效率。

2.3.1.3 大数据与云计算技术的应用

1. 数据分析：青岛市跨境电商企业中，超过 60% 的企业已经开始应用大数据技术。通过对海量数据的分析，企业能够深入了解消费者的需求、偏好、消费习惯等，为企业的产品研发、市场营销提供决策依据。云计算技术在青岛跨境电商领域的应用也日益广泛，约 70% 的企业引进了云计算服务。

2. 影响分析：大数据技术帮助企业实现精准营销。如青岛品物科技有限公司利用云计算等技术打造"全球优鲜"平台，实现了对冷链物流全产业链数据的高速提取、处理和加工。公司通过云计算提供的算力和储存能力，构建起共生共赢的跨境冷鲜产业生态圈，在短短 4 年时间内，公司年销售额从20 多亿元增长到了上百亿元。珍云信息技术（青岛）有限公司依托珍岛集团的 Marketingforce 平台，为企业提供智能营销系统及服务，该平台整合了云计算等技术，帮助企业智能建站。

2.3.1.4 典型案例分析

青岛酷特智能股份有限公司曾是一家传统服装生产企业，企业紧跟时代潮流，持续加大技术投入，积极升级业务模式，目前已成功转型为一家以服装定制为主营业务的跨境电商企业。酷特智能利用大数据技术收集和分析消费者的身材数据、款式偏好、面料选择等信息，建立了庞大的数据库。在生产过程中，公司根据消费者的个性化需求进行定制服务，实现了"一人一版、一衣一款"的定制化生产。通过这种方式，企业不仅提高了产品的销量和消费者满意度，还降低了库存成本。公司还搭建了自己的跨境电商平台，通过互联网将定制服装销售到世界各地。消费者可以在平台上自主设计自己喜欢的服装款式，并实时跟踪订单的生产进度和物流状态。酷特智能还应用云计算技术，实现了生产系统、管理系统和电商平台的高效协同。通过云计算，企业可以快速处理大量的订单数据和生产数据，提高了生产效率和管理水平。

2024 年上半年，酷特智能的跨境电商业务销售额达到 15 303.97 万元，同比增长 8.25%，其定制服装在欧美市场受到了广泛欢迎，品牌知名度不断提升。

2.3.2　物流技术对青岛市跨境电商的影响

2.3.2.1　物流基础设施的建设与升级

1. 数据分析：青岛市拥有优越的地理位置和发达的交通网络。在海运方面，青岛港是中国重要的港口之一，2024 年前三季度，青岛港完成货物吞吐量 5.47 亿吨，同比增长 4.7%；完成集装箱吞吐量 2 316 万标箱，同比增长 8%。2024 年 1—10 月，中欧班列（齐鲁号）开行 620 列，同比增长 36.3%，占全省开行总量的 40%，稳居全省第 1。青岛港拥有海运航线 223 条，连通 180 多个国家和地区的 700 多个港口，为跨境电商货物的进出口提供了强大的运输保障。在航空运输方面，青岛胶东国际机场拥有韩国首尔、加拿大多伦多等 8 条货机航线。2024 年青岛机场累计完成航空货邮吞吐量 27.9 万吨，航空物流的快速发展为跨境电商的快速发展提供了有力支持。在陆运方面，青岛的公路、铁路网络四通八达，与国内各大城市实现了快速连接。同时，青岛还积极推进多式联运，提高物流运输效率。

2. 影响分析：完善的物流基础设施为青岛跨境电商企业提供了多样化的物流选择。企业可以根据产品特点、客户需求等选择合适的物流方式。如对于体积较大、重量较重的商品，企业可以选择海运；对于时效性要求较高的商品，企业可以选择航空运输。物流基础设施的升级提高了物流运输的效率和服务质量。如青岛港通过智能化升级，实现了货物的快速装卸、高效转运和精准管理，大大缩短了货物的通关时间和运输周期。青岛胶东国际机场的建设和运营进一步提升了青岛的航空物流能力。

2.3.2.2　物流信息技术的应用

1. 数据分析：青岛的物流企业中，超过 70% 的企业应用了物流信息技术，如物流管理系统（LMS）、全球定位系统（GPS）、射频识别技术（RFID）等。这些技术的应用大大提高了物流企业的信息化水平和管理效率。物流信息技术的应用，使得消费者可以实时查询货物的运输状态，提高物流服务的透明度和消费者满意度。

2. 影响分析：物流管理系统（LMS）实现了物流企业内部业务流程的信息化管理，包括订单处理、仓储管理、运输调度等。通过 LMS 系统，物流企业可以对物流资源进行优化配置，提高物流运作效率，降低物流成本。全球定位系统（GPS）和射频识别技术（RFID）的应用，使得货物在运输过程中的位置和状态能够被实时监控和跟踪。企业可以根据货物的实时信息，及时调整运输计划和配送方案，提高物流运输的安全性和准确性。同时，消费者也可以通过物流信息跟踪系统，随时了解自己购买商品的运输进度，增强购物的安全感。

2.3.2.3　智能仓储与配送技术的发展

1. 数据分析：青岛的跨境电商企业和物流企业积极推进智能仓储设施的建设，截至 2024 年，全市已建成的智能化仓库仓储面积达 200 万平方米，智能仓储设备的应用率超过 60%。智能仓储设备包括自动化立体仓库、智能分拣系统、机器人搬运等，提高了仓储空间的利用率和货物的分拣效率。在配送方面，青岛的一些物流企业已开始应用智能配送技术，如无人机配送、智能快递柜等。

2. 影响分析：智能仓储技术的应用提高了仓储管理的效率。自动化立体仓库可以实现货物的自动存储和检索，大大提高了仓储空间的利用率。智能分拣系统可以根据订单信息快速准确地对货物进行分拣和包装，提高了货物的出库速度。机器人搬运已可以代替人工搬运和装卸，降低了工人的劳动强度，提高了工作效率。智能配送技术的发展为跨境电商的最后一公里配送提供了新的解决方案。无人机配送可以在一些偏远地区或交通拥堵的城市实现快速配送，提高配送效率。智能快递柜则可以 24 小时不间断地为消费者提供取件服务，提高配送的灵活性和便利性。

2.3.2.4　冷链物流技术的进步

1. 数据分析：随着青岛市跨境电商领域生鲜、食品等品类交易规模的不断扩大，冷链物流的需求也日益旺盛。截至 2024 年，青岛已建成的冷链仓储面积达 500 万平方米，拥有各类冷链运输车辆 2 000 辆。冷链物流企业不断加大对冷链技术的投入，提高冷链物流的服务质量。青岛的冷链物流技术水平不断提升，冷链物流的全程温度监控率达到 95% 以上，确保了生鲜、食品等货物在运输和仓储过程中的品质。

2. 影响分析：冷链物流技术的进步为青岛跨境电商领域生鲜、食品等品类的发展提供了保障。先进的冷链仓储设备和运输车辆，能够确保生鲜、食品等货物在低温环境下的运输和储存，保证了货物的品质和口感。冷链物流技术的发展也拓展了跨境电商的商品品类。越来越多的海外优质生鲜、食品等商品可以通过跨境电商进入青岛市场，满足消费者对高品质商品的需求。同时，青岛的一些特色农产品、海产品等也可以通过跨境电商冷链物流出口到海外市场，提高农产品的附加值和国际竞争力。

2.3.2.5　典型案例分析

日日顺物流是一家在物流领域具有广泛影响力的企业，在青岛跨境电商物流领域发挥着重要作用。公司拥有完善的物流网络和先进的物流技术，为众多跨境电商企业提供高效的物流服务。日日顺物流在青岛建立了智能化仓储中心，拥有自动化立体仓库、智能分拣系统等先进设备，可实现货物的快速入库、存储和分拣，大大提高了仓储管理的效率和准确性。如在处理跨境电商家电产品订单时，智能分拣系统可以根据订单信息快速准确地将不同的家电产品分拣出来，并进行包装和出库，大大缩短了订单处理时间。

在运输环节，日日顺物流利用 GPS 技术对运输车辆进行实时监控和调度。通过对车辆位置、行驶速度等信息的实时掌握，合理安排运输路线，提高了运输效率，确保货物按时送达。同时，公司还应用 TMS（运输管理系统）实现了运输业务的信息化管理，包括订单管理、车辆管理、运费结算等，提高了运输管理的透明度和效率。在配送方面，日日顺物流推出了"最后一公里"配送解决方案，包括智能快递柜、社区配送站等。这些方式为消费者提供了更加便捷的取件服务，提高了消费者的满意度。凭借先进的物流技术和优质的服务，日日顺物流与众多跨境电商企业建立了长期稳定的合作关系，为青岛市跨境电商的发展提供有力支持。2024 年，日日顺物流为青岛市跨境电商企业配送的货物量达到 500 万件，同比增长 20%，有效促进青岛市跨境电商的发展。

2.3.3　技术进步对青岛市跨境电商的综合影响

2.3.3.1　促进产业升级与创新

1. 数据分析：2024 年，青岛市跨境电商企业申请专利 1 500 项，同比增长 25%，其中涉及技术创新的专利占比超过 70%。技术的进步推动了青岛市跨境电商产业的升级，跨境电商企业的产品附加值不断提高。2024 年，青岛市跨境电商出口产品中，高技术含量、高附加值产品的比重达到 40%，同比增长 8 个百分点。青岛前丰国际帽艺股份有限公司致力于打造外贸企业数字转型升级样板，企业与"星火·链网"骨干节点达成合作，完成了"前丰数字优品"创新平台（NFT）的搭建。产品全生命周期管理系统（PLM）的建设，助力企业实现了从设计、生产、交付、销售到品牌建设、数字藏品打造等环节的虚实结合与流程闭环。

2. 影响分析：互联网和物流技术的融合为青岛跨境电商企业提供了创新的动力和机遇。企业可以通过技术创新，开发出更加符合市场需求的产品和服务，提高企业的核心竞争力。技术进步促使企业不断优化业务流程，提高运营效率。企业通过引入先进的管理系统和技术手段，实现数字化管理、精准营销和智能化运营，推动跨境电商产业向高端化、智能化方向发展。

2.3.3.2　提升企业竞争力

1. 数据分析：2024 年，青岛市有 8 家跨境电商企业入选中国跨境电商百强企业榜，这些企业在技术应用、市场拓展、品牌建设等方面表现突出。入选企业的平均销售额达 15 亿元，同比增长 18%。技术应用较好的青岛跨境电商企业，其客户满意度普遍较高。调查数据显示，这些企业的客户满意度达到 90% 以上，比行业平均水平高出 15 个百分点。

2. 影响分析：掌握先进技术的青岛市跨境电商企业能够提供更加优质的产品和服务，更好地满足消费者的需求，从而在市场竞争中脱颖而出。技术进步有助于企业降低成本，提高利润空间。通过优化供应链管理、提高仓储和运输效率等方式，企业可以降低运营成本，增强市场竞争力。

2.3.3.3　拓展市场空间

1. 数据分析：2024 年，青岛市跨境电商进出口贸易已覆盖 203 个国家和地区。近年来，青岛市跨境电商企业在新兴市场的销售额增长迅速。2024 年，青岛市跨境电商企业在"一带一路"沿线国家的销售额达到 120 亿元，同比增长 30%，占全市跨境电商出口总额的 35%。

2.影响分析：互联网技术打破了地域限制，使得青岛市跨境电商企业可以轻松地将产品推向全球市场。通过社交媒体推广、搜索引擎优化等线上营销手段，青岛的跨境电商企业能够精准触达目标客户群体。通过跨境电商平台，企业可以直接与海外消费者进行交易，拓展海外市场。同时，物流技术的发展也为市场拓展提供有力支持。高效的物流配送体系缩短了货物的运输时间，智能仓储管理降低了库存成本，使得企业能够更好地满足全球不同地区消费者的需求。

在新兴市场，尤其是"一带一路"沿线国家，青岛市跨境电商企业凭借技术优势，通过提供符合当地消费者需求的产品和服务，实现了销售额的快速增长。这不仅为企业带来了新的利润增长点，也进一步推动了青岛市跨境电商产业的发展，提升了青岛在全球跨境电商领域的影响力。

2.3.3.4 优化消费体验

1.数据分析：2024年，青岛市跨境电商平台的用户好评率（平均）达85%，较2023年提升5个百分点。其中，物流时效满意度从2023年的70%升至80%，售后服务满意度也升至82%。这都得益于新技术的应用，超70%的青岛跨境电商平台接入了虚拟现实（VR）、增强现实（AR）技术，为消费者提供沉浸式商品展示体验。有数据显示，启用这类新技术展示的商品，其页面停留时间平均提升40%，购买转化率提升约25%。

2.影响分析：互联网技术与物流技术协同发力，全方位重塑了消费者的消费体验。售前阶段，VR、AR技术让消费者仿佛置身实体店铺，可以360度查看商品细节，降低决策成本；售中阶段，智能物流系统实时推送包裹位置，消费者不再盲目等待，心理预期更稳定；售后阶段，线上退换货流程一键触发，配合高效物流逆向配送，跨境售后难题迎刃而解。支付技术革新也是关键一环，数字钱包、跨境快捷支付的普及，使得一键支付成功率超过

90%，让购物支付瞬间完成，促使消费者更愿意尝试跨境购物，形成消费市场与跨境电商产业的良性互动。

2.3.3.5　典型案例分析

青岛海蛛供应链管理有限公司起初是一家传统的货代型物流企业，在跨境电商浪潮的冲击下，公司抓住技术变革机遇成功转型。公司自主研发的智能物流管理系统，整合了大数据分析技术，通过抓取海量订单数据，可精准预测不同季节、不同区域的出货高峰，并提前调配仓储资源，使商品库存周转率提升了 35%。客户利用平台与跨境电商卖家实时交互，能远程监控货物状态，并可一键下单补货，客服响应时间缩短至 1 小时。

在仓储端，公司引入自动化分拣机器人与立体货架，分拣效率提高了 60%，仓储空间利用率提升了 40%。运输上，公司为车辆装配了智能追踪设备，可与地图导航系统联动，实时优化配送路线，使运输成本降低了 20%，且配送准时率高达 95%。同时，公司与青岛港、青岛机场物流系统数据对接，实现了货物无缝转运。凭借先进的技术，公司业务量三年内实现三连跳，2024 年公司服务跨境电商企业超 500 家，处理包裹量突破 8 000 万件，年营收增长至 5 亿元。该公司的成功转型带动了青岛周边十余家中小物流企业效仿，形成了区域跨境物流技术升级小集群，提升了青岛市跨境电商物流服务的整体水平，为产业生态注入了新活力。

2.4　社会文化环境

青岛开放、包容的社会文化氛围为跨境电商的发展提供了良好的社会基础。

2.4.1　消费者习惯对青岛市跨境电商的影响

2.4.1.1　线上购物习惯普及

随着互联网技术的发展和智能手机的普及，线上购物已经成为全球消费者的主流购物方式之一。青岛市商务局发布的数据显示，2024 年 1—11 月青岛市网络零售额 2 659 亿元，同比增长 11.3%。青岛市经济较发达、信息化程度较高，因此当地居民的线上购物习惯更为成熟。据调研统计，青岛的网络购物渗透率超过 85%，高于全国平均水平。越来越多的消费者愿意通过跨境电商平台购买海外商品，满足自己对高品质、多样化产品的需求，线上购物方式的普及为青岛跨境电商的发展提供了广阔的空间。

2.4.1.2　消费时段变化

在传统的线下购物模式下，消费者主要在周末和节假日进行购物。随着线上购物的兴起，消费者的购物时间变得更加分散和碎片化。他们可以在任何时间、任何地点进行购物。通过对青岛市跨境电商平台交易数据的分析，我们发现晚上 8—11 点是消费者购物的高峰时段，这与人们在下班后的休闲时间相吻合。此外，在工作日的午休时间以及上班途中，也有不少消费者利用碎片化时间进行购物。这种消费时段的变化，要求跨境电商企业调整运营策略，加强在这些时间段的客服人员配置、物流配送安排，以及营销活动策划。亚马逊、速卖通等平台的商家会根据用户的活跃时间，在晚上 8—11 点推出限时折扣。例如，一些经营 3C 电子产品的商家，会在这个时段针对手机配件、耳机等商品推出限时优惠活动，吸引消费者购买。

2.4.1.3 消费偏好

在消费升级的背景下，消费者的消费偏好越来越个性化。他们不再满足于大众化的产品，而是追求独特性、个性化，以彰显自己的个性和品位。这种个性化的消费偏好对跨境电商企业的产品研发和销售提出了更高的要求。为满足消费者的个性化需求，青岛的一些跨境电商企业开始推出个性化定制服务。

2.4.1.4 典型案例分析

青岛科亚网络信息技术有限公司成立于 2017 年，是一家专注于母婴用品跨境销售的企业，主要从澳大利亚、新西兰等国家进口优质母婴产品，销售范围覆盖青岛及周边地区，并逐步向全国拓展。随着互联网的普及，青岛地区消费者的线上购物习惯日益成熟。公司敏锐地捕捉到这一趋势，将业务重点放在线上平台的运营上。公司不仅搭建了功能完善的官方网站和移动端 App，而且，积极与各大电商平台合作，拓宽销售渠道。据统计，公司超过 90% 的订单来自线上平台，其中移动端订单占比达到 70%。为提升消费者的线上购物体验，公司在其官方网站和 App 上提供详细的产品介绍、使用说明，方便消费者了解产品信息。此外，公司还推出在线客服实时咨询服务，平均响应时间在 30 秒内。

通过对平台交易数据的分析，公司发现晚上 8—11 点是青岛地区消费者购物的高峰时段，这与当地居民的生活习惯和工作节奏相契合。基于这一调研结果，公司采取了一系列措施来提升运营质量。首先，公司安排专业的客服团队在晚上 8—11 点值班，确保消费者在咨询时能够得到及时回复。其次，公司定期在这个时间段推出限时折扣、满减、买赠等促销活动。最后，公司还组织团队在晚上进行直播带货，进一步促进了销售。在满足消费者个性化需求方面，公司还推出了定制化服务。比如，消费者可以根据宝宝的年龄、体质和口味偏好，定制专属的奶粉套餐。同时，公司还提供婴儿服装定制服务，消费者可以选择喜欢的图案、颜色和款式，为宝宝打造独一无二的服装。这些个性化服务受到了消费者的高度认可。在青岛地区，公司的老客户复购率达到40%以上。

2.4.2 品牌意识对青岛市跨境电商的影响

2.4.2.1 消费者品牌意识增强

随着生活水平的提高，消费者的品牌意识逐渐增强，他们更加注重品牌的知名度和美誉度，愿意花高价购买知名品牌的产品。不少消费者认为国外品牌在产品质量、设计、创新等方面具有优势，更倾向于购买国外知名品牌的商品。调研数据显示，在青岛跨境电商领域，超过70%的消费者在购买商品时会优先考虑知名品牌。在电子产品类目中，苹果、三星等品牌备受消费者青睐；在化妆品类目中，兰蔻、雅诗兰黛等品牌的产品销量名列前茅。消费者品牌意识的增强，促使跨境电商企业更加注重品牌建设和品牌营销。

2.4.2.2 品牌对市场竞争的影响

品牌在市场竞争中具有重要作用。品牌知名度越高越能够吸引更多的消费者，提高产品的市场份额，增强企业竞争力。在青岛跨境电商市场中，品牌知名度高的企业往往能够获得更多的订单和更丰厚的利润。

2.4.2.3 品牌建设的策略与挑战

提升品牌知名度和美誉度，需要高效、灵活的品牌建设策略：一、注重产品质量和服务质量，通过提供优质的产品和服务树立良好的品牌形象；二、加强品牌营销和推广，利用社交媒体推广、搜索引擎优化、广告投放等提高品牌的曝光度；三、还积极参与国际展会和行业活动，提升品牌的国际影响力。跨境电商企业在品牌建设过程中也面临着一些挑战：首先，国际市场竞争激烈，品牌众多，企业要从众多品牌中脱颖而出并非易事；其次，不同国家和地区的文化差异较大，企业在进行品牌营销和推广时，需要考虑文化差异因素，制定合适的营销策略。最后，品牌建设需要长期的投入和不断积累，企业需要有足够的资金和耐心。

2.4.3　文化差异对青岛市跨境电商的影响

2.4.3.1　语言障碍

做跨境电商，语言障碍是第一个要解决的问题。为解决语言问题，跨境电商企业需要采取一些必要的措施，如网站和平台提供多语种服务，方便不同国家和地区的消费者浏览和购物；招聘具有多语言能力的客服人员，及时解答消费者的疑问；利用翻译软件和在线翻译工具，提高沟通效率。

2.4.3.2　审美偏好

不同国家和地区的消费者具有不同的审美偏好，在做产品设计和包装设计时，企业需要特别关注这一因素，确保产品符合当地消费者的审美品位。如在欧洲市场，消费者注重环保和功能性；在亚洲市场，消费者则更注重产品的精致、美观和美好寓意。青岛兆丰家居用品有限公司主要从事家居家纺跨境业务，为满足欧洲市场消费者对于简约、现代感的审美偏好，企业特别推出线条简洁、色彩淡雅、功能性强的简约现代风格家居用品；而在亚洲市场，考虑到消费者对东方文化的认同感和审美品位，企业设计了很多带有东方文化元素的产品，通过这种差异化的设计策略，该企业在不同市场都获得了消费者的认可，有效提高了产品销量，在跨境电商家居用品领域取得了良好的市场表现。

2.4.3.3 文化禁忌

文化禁忌也是跨境电商企业需要考虑的重要因素。不同国家和地区的文化禁忌各不相同，如果企业不了解这些禁忌，极易引起消费者的反感。如在一些伊斯兰国家，消费者对食品是否符合清真规范有严格要求。青岛的跨境电商食品企业在开拓这些市场时，需严格按照清真标准生产和加工食品，并获得相关的认证，同时在产品包装和宣传中要避免使用不符合当地文化习俗的元素。

2.4.3.4 典型案例分析

青岛海天针纺织品有限公司成立于 1999 年，创业初期，公司的服装设计团队主要依照国内流行趋势与审美进行设计，服装款式偏稳重、保守，这直接导致产品上架欧美电商平台后无人问津。为此，公司决心改变设计风格：一方面，组建专业的时尚趋势调研小组，密切追踪巴黎、米兰、纽约等时尚之都的 T 台秀场动态，剖析当季流行色彩、面料与款式风向；另一方面，高薪聘请具有欧美设计背景的优秀设计师加盟。这些措施不仅带来了前沿的设计理念，还精准把握了欧美消费者的喜好，使产品吸引力显著提升。

2.4.4 社会价值观对青岛市跨境电商的影响

2.4.4.1 环保意识

当今世界，保护环境已成为全人类共同的担当与责任。人们更愿意购买那些采用环保材料、生产过程环保的产品。青岛的一些跨境电商企业秉持绿色发展理念，积极推出环保产品。在家具领域，企业不断推出采用可再生材料制作的家具；在电子产品领域，企业积极研发节能、环保的电子产品。这些环保产品不仅满足了消费者的生活需求，也为企业赢得了良好的声誉。

2.4.4.2 社会责任意识

现在的消费者比以往任何时候都更加关注企业的社会责任履行情况，更愿意购买那些具有良好社会形象的企业的产品。在跨境电商领域，企业的社会责任包括产品质量安全、员工权益保护、环境保护等方面。为满足消费者对企业社会责任的要求，青岛的跨境电商企业积极履行社会责任。如一些企业建立了完善的产品质量追溯体系，确保产品质量符合用户要求；一些企业加强对员工的培训并提供更好的福利保障，提高员工的工作满意度；一些企业还积极参与环保公益活动。通过这些举措，一些企业树立了良好的社会形象，赢得了消费者的信任和支持。

2.4.4.3 消费观念

当代消费者的消费观念也在发生转变，他们不再仅仅满足于物质消费，而是更加注重精神消费和体验消费。在跨境电商领域，消费者希望通过购买商品，获得更多的文化体验和情感满足。青岛的一些跨境电商企业顺应这一消费观念的转变，推出很多具有文化特色和情感内涵的产品。这些产品不仅满足了消费者的物质需求，还为消费者带来了丰富的文化体验和情感享受。

2.4.4.4 典型案例分析

青岛绿创环保工程有限公司创立于 2016 年，自成立伊始，公司便将环保理念与社会责任融入企业发展的每一寸脉络。公司投入大量研发资金，组建专业的科研团队，全力攻克环保技术难题。

公司对社会责任的履行，体现在对内与对外两个方面。对外，企业将公益视为使命，与本地环保组织紧密合作，定期策划并组织员工投身各类环保公益活动。如在每年春季，公司全员出动参与植树造林；每逢夏日旅游旺季结束，公司组织员工去海滩清理残留垃圾，守护海岸线生态。这些活动不仅实实在在改善了环境，更借由社交媒体传播，向社会大众传递了企业的环保意识。对内，企业不仅为员工打造了舒适的办公环境，还为员工量身定制职业发展规划，提供丰富的培训课程与晋升通道，让员工身心愉悦地投入工作。

社会文化环境作为影响青岛市跨境电商发展的重要因素，涵盖消费者习惯、品牌意识、文化差异，以及社会价值观等多个方面。消费者线上购物习惯的普及、消费时段的变化、消费偏好的个性化为跨境电商发展创造了广阔的市场空间和发展机遇，但也要求企业不断优化运营策略，满足消费者日益多样化的需求。品牌意识的增强使得消费者更加注重品牌的选择，推动跨境电商企业加强品牌建设，提升品牌竞争力。文化差异在语言障碍、审美偏好、文化禁忌等方面给企业带来诸多挑战，企业需要深入了解目标市场的文化特点，制定针对性的营销策略。社会价值观的转变，如环保意识的提升、社会责任意识的增强以及消费观念的变化，促使跨境电商企业在产品研发、生产和销售过程中更加注重环保、社会责任和消费者的精神体验。

通过案例分析我们可以看到，那些能够敏锐洞察社会文化环境变化、积极适应并利用这些变化的青岛跨境电商企业，往往能够在市场竞争中脱颖而出，取得良好的发展成绩。

青岛的跨境电商企业在未来的发展中，应高度重视社会文化环境的影响，深入研究消费者的需求和行为特点，加强品牌建设和文化营销，积极履行社会责任，不断创新产品和服务，以适应社会文化环境的变化，实现可持续发展。同时，政府和相关部门也应加强对跨境电商企业的引导和支持，营造良好的社会文化氛围，促进青岛市跨境电商产业的健康发展。

第 3 章　发展机遇与挑战

3.1　发展机遇

3.1.1　政策支持与引导带来的机遇

近年来，国家和地方纷纷出台支持跨境电商发展的政策，为跨境电商行业发展创造了前所未有的契机。从国家层面来看，跨境电商综合试验区的设立是推动行业发展的重要举措。青岛获批成为跨境电商综合试验区，享受到了诸如简化通关流程、完善税收政策、优化监管模式等一系列政策红利。

青岛市政府积极响应国家政策，出台了一系列配套措施来推动青岛跨境电商行业的发展。比如青岛市制定了《加快推进中国（青岛）跨境电商综合试验区高质量发展行动计划（2024—2026 年）》，实施跨境电商综试区高质量发展"八大行动"。这些政策的出台，吸引了大量跨境电商企业和相关资源向青岛集聚，为行业的发展注入强劲的动力。

此外，青岛市政府不断加大对跨境电商基础设施建设的投入，提升青岛的物流、仓储、金融等配套服务能力，如加强港口、机场等交通枢纽的建设，提高货物的运输效率；推动智能物流仓储体系的建设，运用大数据、物联网等技术实现仓储管理的智能化和自动化，降低物流成本。在金融服务方面，政府鼓励金融机构开展跨境电商金融服务创新，提供跨境支付、融资、保险等多元化金融产品和服务，为跨境电商企业解决资金周转和风险防范等问题。

3.1.2　全球市场需求增长带来的机遇

在全球范围内，跨境电商市场规模呈现出持续扩张的态势。海外消费者对优质商品的需求不断增加，为跨境电商企业提供了广阔的市场空间。尤其是在新兴市场国家，经济快速发展推动中等收入群体不断壮大，他们对高品质、多样化的商品有着强烈的需求。如东南亚、中东、非洲等地区的消费者对电子产品、时尚服装、家居用品等商品的需求日益旺盛。青岛市跨境电商企业凭借自身的产业优势和供应链优势，有能力满足这些需求，将青岛产品远销海外。

同时，消费者购物习惯也发生了变化，越来越多的消费者倾向于通过线上平台进行购物，享受便捷、高效的购物体验。这种消费趋势的转变推动着跨境电商的发展。全球电子商务市场规模正在不断扩大，未来 5 年，全球电商零售额将达到数万亿美元。在这样的市场背景下，青岛市跨境电商企业可以充分利用互联网平台，拓展全球销售渠道，将产品直接销售给世界各地的消费者。

3.1.3　产业基础与资源优势带来的机遇

青岛是我国重要的沿海城市，拥有雄厚的产业基础和丰富的产业资源，这为青岛市跨境电商行业的发展提供了坚实支撑。青岛制造业发达，家电、纺织服装、化工、机械等多个领域具有较高的技术水平和生产能力，能够生产各种高品质的产品。

　　青岛是中国著名的家电生产基地，拥有海尔、海信等知名家电品牌，青岛的家电产品在全球市场上具有较高的知名度和市场份额。青岛市跨境电商企业可以依托这些产业优势，整合供应链资源，将优质的产品推向国际市场。

　　同时，青岛的海洋产业也十分发达。海洋经济是青岛的特色名片，2024年，青岛的海洋产业生产总值达到 5 500 亿元，占地区生产总值的 35%，同比增长 8%，增速高于全市 GDP 增速 2.4 个百分点。

　　在海洋渔业方面，青岛拥有丰富的渔业资源，是中国重要的海产品生产和加工基地之一。青岛的海产品不仅在国内市场广受欢迎，还通过跨境电商渠道远销海外。如青岛海润丰源水产食品有限公司起初专注于国内海鲜加工销售，凭借优质原料和精湛工艺积累了良好的口碑。2015 年，企业抓住跨境电商兴起的机遇，组建跨境电商销售团队，与国际知名平台合作，将优质海鲜产品推向国际市场。为保证海鲜在运输中的新鲜度，企业投入大量资金引进国际先进的制冷设备和保温材料，构建起全程冷链体系，从捕捞、加工、仓储到运输各个环节严格把控温度。近年来，企业年销售额在跨境电商的带动下以每年约 20% 的速度增长，2023 年年销售额达 5 亿元，跨境电商业务占比超 60%。

　　在海洋生物医药领域，青岛汇聚了众多科研机构和生产企业。青岛博益特生物材料股份有限公司专注于海洋生物医用材料的研发、生产和销售，在海洋生物材料领域拥有深厚的技术积累和专业的研发团队。该公司研发的一款以海洋生物为原料的抗氧化保健品，在跨境电商平台上一经推出，就受到欧美和东南亚消费者的青睐。这款抗氧化保健品包含从海洋生物中提取的独特有效成分，经过科学配比和先进的生产工艺加工而成。在跨境电商平台上，该产品的销售额在短短一年内就突破了 500 万美元，并且好评率高达 90%。

　　此外，青岛的海洋装备制造产业也颇具规模。在海洋船舶制造、海洋石油装备等领域，青岛拥有一批实力雄厚的企业。这些企业生产的高端海洋装备不仅能满足国内市场需求，还出口到世界各地。跨境电商为这些企业提供了新的销售渠道和市场推广途径。如青岛海创国际供应链有限公司是一家专注于海洋装备研发、生产的高新技术企业，在海洋工程领域积累深厚。2018年，公司抓住跨境电商发展的机遇，组建了专业的电商团队布局跨境电商领域。凭借过硬的产品质量和技术优势，公司生产的海洋钻井平台配套设备吸引了众多国外海洋工程公司的关注。通过跨境电商平台，公司与美国、挪威、巴西等多国的海洋工程公司建立了合作，短短几年时间，该公司的产品已成功出口十多个国家和地区，销售额持续增长。

在资源方面，青岛拥有丰富的文化和旅游资源。青岛的海滨风光、历史建筑，以及独特的民俗文化吸引了大量国内外游客。这些资源可以与跨境电商结合，开发出具有青岛特色的文创产品等。如青岛的海韵时空文化传媒有限公司将青岛的城市风光、历史文化元素融入文具、饰品等产品中，通过跨境电商平台销售到全球各地。公司深入挖掘青岛的历史文化底蕴，将青岛独特的海洋文化和民俗风情巧妙地融入产品设计中。其文旅产品不仅具备实用价值，更承载着青岛独特的文化内涵。过去几年，公司跨境电商业务年销售额增长了3倍以上，实现了文化传播与经济效益的双丰收。

青岛的港口资源也是其发展跨境电商的一大优势。青岛港是中国重要的综合性港口之一，拥有先进的港口设施和高效的物流运作能力。青岛港拥有先进的装卸设备和高效的运营管理体系，货物吞吐量巨大，航线网络覆盖全球多个国家和地区。2024年前三季度，青岛港货物吞吐量达5.47亿吨，集装箱吞吐量达2 316万标准箱。借助港口优势，青岛跨境电商企业能够实现货物的快速进出口和高效运输。

综上所述，如能充分发挥青岛的产业和资源优势，青岛的跨境电商企业有望在全球市场上取得更加优异的成绩。

3.2　面临的挑战

3.2.1　激烈的市场竞争压力

3.2.1.1　全球跨境电商市场竞争格局

相关数据显示，截至 2024 年，全球知名跨境电商平台（亚马逊、eBay 等）已占据了相当大的市场份额。仅亚马逊一家在全球跨境电商零售市场的份额就高达 30% 左右。这些平台凭借庞大的用户基础、完善的物流配送体系，以及成熟的运营模式，在全球范围内吸引了大量的卖家和消费者。

与此同时，跨境电商在新兴市场（东南亚、中东等地区）迎来了前所未有的发展机遇，以东南亚为例，2024 年该地区跨境电商市场规模达到 2 000 亿美元左右，且预计在未来几年内仍将保持 20% 以上的年增长率。当地的一些本土电商平台（如 Shopee、Lazada 等）在政府的支持和资本的推动下迅速崛起，不仅在本土市场占据主导地位，还不断向周边地区拓展。Shopee 作为东南亚地区领先的电商平台，业务覆盖新加坡、马来西亚、菲律宾、泰国、越南等多个国家和地区。Shopee 采取本土化运营策略，积极与明星、达人合作，举办各种促销活动，吸引了大量用户。Lazada 在物流配送和售后服务方面投入巨大，建立了完善的物流网络和客服体系，确保商品能够及时送达消费者手中，并可快速解决消费者的各种问题。这两个平台的崛起，不仅推动了东南亚地区电商基础设施的完善，也为全球跨境电商企业进入东南亚市场提供了便利。这使得包括青岛市跨境电商企业在内的全球卖家在进入这些新兴市场时面临巨大的竞争压力。

3.2.1.2　国内城市间的竞争态势

国内跨境电商行业内的竞争也相当激烈。深圳、广州、杭州等城市在跨境电商领域起步较早，已经形成较为成熟的产业生态。

深圳是我国跨境电商的领军城市之一，拥有完善的电子信息产业链，聚集了大量的跨境电商企业和专业人才。2023 年，深圳跨境电商进出口额超 3 000 亿元人民币，同比增幅超过 7%，规模位居全国首位。2024 年上半年，深圳跨境电商进出口规模同比增长 130%。深圳跨境电商企业在产品研发、品牌建设和市场推广方面具有很强的竞争力，许多企业通过自主创新打造出了具有国际影响力的品牌。广州依托其强大的制造业基础和便捷的交通物流优势，在服装、玩具、家具等传统产业领域实现了转型升级。杭州作为阿里巴巴的总部所在地，拥有丰富的电商资源和先进的电商技术，在跨境电商平台建设、大数据应用等方面处于国内领先水平。

相比之下，青岛跨境电商行业虽然发展迅速，但在产业规模、市场份额和品牌影响力等方面与上述城市仍存在一定差距，而且在吸引优质企业和高端人才方面，青岛面临着来自这些先发城市的激烈竞争。如在优质企业方面，一些主营 3C 电子产品的跨境电商头部企业，原本考虑到青岛的港口优势和制造业基础，有在青岛设立区域运营中心的意向。但深圳在电子信息产业方面的产业链更加完整，从芯片研发、零部件生产到整机组装一应俱全，而且当地政府对于跨境电商 3C 品类企业有专项补贴政策，包括物流补贴、仓储补贴，以及参展补贴等，最终这类企业大多选择落户深圳。在高端人才方面，杭州作为"电商之都"，其跨境电商人才培育体系全国领先。许多跨境电商运营、营销等方面的高端人才，被杭州丰富的电商资源、成熟的人才培养体系，以及浓厚的电商行业氛围所吸引。同时，当地企业可以提供更具竞争力的薪酬待遇、更广阔的职业发展空间以及更完善的人才配套政策，这些因素促使很多具有丰富跨境电商平台运营经验的团队选择前往杭州发展。

3.2.2 物流配送体系瓶颈

3.2.2.1 物流成本居高不下

跨境物流涉及多个环节，包括国内运输、国际运输、仓储、清关等，每个环节都存在一定的成本压力。在国际运输方面：海运和铁路班列虽然价格低但时效差；空运航线少而且价格高，且近年来受全球贸易形势、燃油价格波动等因素的影响，运输价格波动较大。2023 年下半年，由于全球航运市场运力紧张，从青岛运往欧洲的一个 40 英尺（约 12.2 米）标准集装箱的海运费用最高时达到 3 000 美元左右，相比年初上涨 50% 以上。2024 年 7 月上旬，从青岛港出发运往荷兰鹿特丹港的 40 英尺标准集装箱现舱报价最高接近 9 000 美元。空运虽然速度快，但成本高昂。以从青岛发往美国的一件重量为 1 千克的商品为例，空运的物流费用大约为 100 ～ 150 元人民币，对一些利润率较低的跨境电商产品来说，物流成本过高，严重压缩了企业的利润空间。

此外，在仓储环节，海外仓的建设和运营成本也较高。在欧美发达国家，租赁一平方米的海外仓每月的费用大约为 10 ～ 20 美元，这还不包括货物的存储、分拣、包装等费用。

3.2.2.2 物流时效难以保证

跨境物流运输距离长，涉及不同国家和地区的海关、物流服务商等多个主体，这使得物流时效难以保证。在海关清关环节，不同国家的海关政策和工作效率存在差异，一些国家的海关对进口商品的查验较为严格，导致货物在海关滞留的时间相当长。如在一些欧洲国家，货物在海关清关的时间可能长达 5 ～ 10 个工作日，如果遇到节假日或特殊情况，清关时间还会进一步延长。

在物流配送的最后一公里环节，也存在诸多问题。由于不同国家和地区的地理环境、交通状况，以及物流基础设施建设水平不同，货物的配送速度和准确性也难以保证。在一些偏远地区或发展中国家，物流配送网络不够完善，快递服务质量不高，货物丢失、损坏的情况时有发生。这不仅影响消费者的购物体验，还可能导致跨境电商企业面临客户投诉和退货等风险。

青岛速创领航电子商务有限公司是一家主营电子产品的跨境电商企业，公司凭借自主研发的智能穿戴设备以及颇具性价比的其他电子产品，在国际市场上曾一度小有名气。当企业将业务拓展至巴西市场时，却遭遇了诸多难题。巴西海关清关流程烦琐复杂，对各类电子产品的认证和检验标准极为严格，这使得货物在海关滞留的时间非常长。同时，当地物流配送体系不够完善，运输效率低下，快递服务质量参差不齐。受此影响，一件从青岛发出的电子产品，平均需要 20 天～ 30 天才能最终送达巴西消费者手中。如此漫长的等待时间，使得该企业在巴西市场的客户满意度急剧下降。

3.2.3 专业人才短缺困境

3.2.3.1 跨境电商人才需求与供给差距

跨境电商人才需要具备多方面的知识和技能，包括国际贸易、电子商务、市场营销、外语、物流、信息技术等。然而，目前人才市场上这样的跨境电商专业人才非常稀缺。

青岛市跨境电商行业已进入发展快车道，业务版图不断扩张，而人才供应迟滞严重影响了行业的发展。据调研统计，2024 年青岛跨境电商企业人才缺口达到 1.5 万人左右，且这一缺口还在以每年 20%～ 30% 的速度扩大。在人才需求的细分领域中，跨境电商运营人才、市场营销人才和数据分析人才的需求量最大。跨境电商运营人才不仅要熟悉各大电商平台的规则和运营技巧，还要具备良好的沟通协调能力和团队管理能力。当前多数企业都在布局多平台、多市场战略，急需熟悉各平台算法、广告投放技巧的专业运营能手，来提升店铺流量与转化率；市场营销人才则需要掌握国际市场的变化趋势，能够制定有效的市场推广策略，制定贴合当地消费者心理的推广方案；数据分析人才则要能够运用大数据分析工具，为企业的运营决策提供数据支持。

3.2.3.2　人才培养与引进难题

在人才培养方面，青岛的一些高校和职业院校虽然开设了与电子商务、跨境电商、国际贸易相关的专业，但在课程设置和教学内容上，与跨境电商行业的快速发展严重脱节。在课程设置方面，大部分学校的跨境电商专业课程仍以传统的贸易理论、电子商务基础、跨境电商基础为主；在教学方法方面，大部分学校以传统的课堂讲授为主，教师在讲台上讲解理论知识，学生被动接受，缺乏互动和实践操作；在师资力量方面，许多学校的跨境电商专业教师缺乏行业实际工作经验，大多是从其他相关专业转型而来，对跨境电商平台操作、国际物流和海外市场营销的实际业务流程和操作技巧了解有限，难以给予学生有效的指导。

在人才引进方面，青岛虽然出台了一系列人才引进政策，但与北京、上海、深圳等一线城市相比，在城市吸引力和人才政策的竞争力方面仍存在一定差距。青岛在吸引海外留学人才和国内其他地区的优秀跨境电商人才方面，还面临着诸多挑战。

3.2.4　品牌建设与推广难题

3.2.4.1　品牌认知度与影响力不足

品牌影响力对跨境电商企业的发展至关重要。青岛的跨境电商企业在品牌建设方面还存在较大的差距。与国际知名品牌相比，青岛的跨境电商品牌在全球市场的认知度较低。许多青岛跨境电商企业主要以贴牌生产或代工的方式参与国际市场竞争，缺乏自主创新意识和品牌建设能力。

以青岛的纺织服装行业为例，虽然青岛是中国重要的纺织服装生产基地，产品质量和工艺水平较高，但在国际市场上，具有较高知名度和影响力的青岛品牌却寥寥无几。大多数青岛企业只是为国际知名品牌提供代工服务，赚取微薄的加工利润。在国际市场上，消费者对青岛纺织服装品牌的认知度较低，很多人甚至不知道青岛是一个重要的纺织服装生产地。这使得青岛的纺织服装企业在国际市场上几乎没有知名度。

作为青岛纺织服装企业中的一员，青岛瑞华集团长期以来一直为诸多国际知名服装品牌提供代工服务。瑞华集团拥有先进的生产设备和熟练的技术工人，生产的服装在剪裁、缝制、面料质感等方面都达到了较高标准，产品质量和工艺水平在业内广受认可。然而，由于其主要业务是代工，自身品牌在国际市场上几乎没有知名度。在与国际品牌合作时，瑞华集团只能按照品牌商提供的设计图纸和工艺要求进行生产，利润空间被压缩得非常小，一件服装的加工利润可能只有几元到十几元人民币。而且，在原材料价格上涨、劳动力成本增加的情况下，瑞华集团也很难向品牌商提出加价的要求，因为品牌商很容易找到其他代工企业。

尽管瑞华集团也曾尝试推出自己的品牌，并在一些国际服装展会上进行了展示，但由于缺乏品牌推广资金和经验，以及国际市场对青岛纺织服装品牌的认知度低等原因，其自主品牌在国际市场上的议价能力较弱，很难获得理想的利润和市场份额。

3.2.4.2 品牌推广面临挑战

品牌推广是提升品牌知名度和影响力的重要手段，但青岛市跨境电商企业在品牌推广方面面临着诸多困难。一方面，品牌推广需要大量的资金投入，对于大多数青岛跨境电商企业，尤其是中小企业来说，品牌推广费用高昂，难以承担；另一方面，跨境电商品牌推广需要针对不同国家和地区的市场特点和消费者需求，制定特定的推广方案，这需要企业具备丰富的市场调研和营销策划经验，而这正是许多青岛跨境电商企业所欠缺的。

此外，在新媒体时代，品牌推广要求企业具备较强的数字化营销能力，运用社交媒体推广、搜索引擎优化、内容营销等手段进行品牌推广。然而，许多青岛跨境电商企业缺乏这方面的专业人才，导致企业品牌推广效果不佳。青岛海创智家科技有限公司是一家专注于智能家电生产的跨境电商企业，公司生产的智能空调、智能冰箱等产品，在技术和质量上均达到国际先进水平，具备智能控温、节能降耗等诸多优势性能。2022 年进入欧洲市场后，海创智家的产品知名度和销量一直不理想。虽然公司投入大量资金在 Facebook、Instagram 等平台上投放广告，但广告内容多以产品参数和功能介绍为主，缺乏对欧洲消费者文化和审美习惯的考量，语言表述也较为生硬，没有突出产品能为用户带来的实际价值和情感体验，因此未能取得预期效果，产品在欧洲市场的销售情况依然不温不火。

3.2.5　政策法规与贸易环境的不确定性

3.2.5.1　各国政策法规的差异与变化

全球不同国家和地区的政策法规存在较大差异，且政策法规也在不断变化，这给青岛市跨境电商企业拓展海外市场带来诸多不确定性。在税收政策方面，各国对跨境电商的税收规定各不相同。如欧盟国家对跨境电商进口商品征收增值税，且税率因不同国家和不同商品类别存在差异。一些国家还对跨境电商企业的销售额设定了不同的税收起征点，这使得青岛市跨境电商企业在向欧盟市场销售商品时，需要花费大量的时间和精力去了解和应对不同国家的税收政策。青岛海通商贸有限公司主要经营家居用品的跨境电商业务，向欧盟多个国家销售产品。该公司在拓展法国市场时，由于没有充分了解法国的税收政策变化，遭遇了税务问题。彼时，法国对部分家居用品的增值税税率进行了调整，从原来的 20% 提高到了 22%，而且法国对跨境电商企业的销售额税收起征点也进行了调整。海通商贸公司在法国市场的销售额很快就超过了新的税收起征点，但公司仍按照以往的税收政策和习惯进行申报，没有及时调整税务申报策略和缴纳足够的税款。结果，法国税务部门对海通商贸公司进行税务稽查时认定公司存在税务违规行为，要求公司补缴税款，并加收滞纳金和罚款。这不仅给公司带来了额外的经济损失，还对公司在法国市场的声誉造成了负面影响，导致公司在法国的业务发展受阻，后续公司不得不花费大量时间和人力重新梳理和调整税务流程，以符合法国的税收政策要求。

在产品质量和安全标准方面，各国的要求也不尽相同。美国对进口的电子设备、玩具等产品的质量和安全标准要求极为严格，需要进行一系列的认证和检测。如美国消费品安全委员会（CPSC）对玩具产品的铅含量、邻苯二甲酸盐含量等指标都有严格的限制。青岛某玩具公司向美国出口的一批儿童拼图玩具，被 CPSC 抽检，发现该拼图玩具的油墨中铅含量超出规定的安全标准。CPSC 随即要求该公司召回已在美国市场上销售的所有该批次的拼图玩具，同时对企业处以高额罚款。这一事件导致该公司在美国市场的声誉严重受损，一些合作多年的美国客户纷纷暂停与该公司的合作，导致公司业务受到极大冲击。

此外，各国的知识产权保护政策也对跨境电商企业提出了更高的要求。忽视知识产权问题，可能会使企业面临侵权诉讼风险，导致企业遭受巨大的经济损失。青岛海创星电子科技有限公司是一家主营电子产品的跨境电商企业。为拓展欧洲市场，公司推出了一款新型智能手环，主打健康监测和运动追踪功能。然而，产品进入欧洲市场不久，海创星公司就收到了来自欧洲某专利持有方的律师函，指控其智能手环使用了该公司未经授权的专利技术，包括心率监测算法和运动模式识别技术等。该专利持有方随后向当地法院提起诉讼。经过漫长的法律程序，最终法院判定海创星公司侵权。海创星公司不仅需要向专利持有方支付高达 50 万欧元的赔偿金，还被禁止在欧洲市场继续销售该款智能手环。这一事件给海创星公司造成了巨大的经济损失，同时也对公司的品牌声誉造成了负面影响，使其在欧洲市场的拓展计划严重受阻，公司不得不重新调整产品策略。

3.2.5.2　贸易保护主义的影响

近年来，全球贸易保护主义抬头对跨境电商行业的发展产生了诸多不利影响。一些国家为保护本国产业，采取了一系列贸易保护措施，如加征关税、设置贸易壁垒等，这些情况影响了青岛市跨境电商企业的发展。

2018 年以来，美国对从中国进口的部分商品加征关税，涉及众多跨境电商产品，如电子产品、服装、家具等。这使得青岛市相关跨境电商企业的出口成本大幅增加，一些企业的利润空间被严重压缩。为应对关税上涨带来的成本压力，部分企业不得不提高产品价格，这又导致产品在市场上的竞争力下降，销量受到影响。还有一些企业选择将生产基地转移到其他国家或地区，以降低关税风险，但此举也面临着诸多困难和挑战。青岛联合智创科技有限公司生产的智能手环等电子产品主要出口美国。中美贸易摩擦开始后，关税加码导致公司的出口成本增加了近 20%。为维持利润，公司将产品价格提高了 15%，结果产品在美国市场的销量下滑了 30%，市场份额也被其他品牌抢占。

此外，一些国家还通过设置技术壁垒、绿色壁垒等非关税贸易壁垒，限制中国跨境电商产品的出口。如欧盟对进口产品的环保标准要求较高，企业需要满足一系列环保认证才能进入欧盟市场。这对青岛市跨境电商企业的生产技术和管理水平提出了更高的要求。

第 4 章　行业发展趋势

在全球经济一体化和数字技术飞速发展的浪潮下，跨境电商行业正经历着深刻的变革。聚焦处于成熟期的青岛市跨境电商行业，深入剖析其短期和长期发展趋势，不仅有助于青岛市跨境电商企业把握当下机遇、应对挑战，更是这些企业制定长远发展战略，在未来的竞争中脱颖而出的关键。

4.1　短期趋势

4.1.1　政策支持下的加速发展

在国家宏观政策的大力扶持下，跨境电商行业迎来了蓬勃发展的黄金时期。其中，跨境电商综合试验区政策作为推动行业发展的关键驱动力，正不断向纵深方向发展。青岛作为跨境电商综合试验区的重要一员，享受到了相关政策带来的诸多红利。

海关总署推行的便利化通关政策以及税收优惠政策，在青岛得到了切实有效的落实，并处于持续优化进程中。这些政策的积极影响十分显著，预计到 2026 年青岛市跨境电商的通关效率有望再提升 20% ～ 30%。这意味着货物进出口的速度将大幅加快，企业能够更快地将产品推向国际市场，从而显著提升市场响应速度和竞争力。同时，企业出口退税周期也将进一步缩短，这将极大地缓解企业的资金压力，提高企业资金周转效率，为企业的发展注入强大的动力。

青岛市积极行动，全力推进《加快推进中国（青岛）跨境电商综合试验区高质量发展行动计划（2024—2026 年）》。在未来 1 ～ 2 年内，该计划将发挥强大的引领作用。青岛预计将新招引跨境电商平台、大卖家、综合服务机构和现代物流企业等重点项目 20 个以上。这些优质项目的引入，将进一步丰富青岛跨境电商的产业生态，形成更加完善的产业链条。同时，本地跨境电商龙头企业、标杆企业数量预计将增长 15% ～ 20%。随着这些龙头企业和标杆企业的不断壮大，它们将发挥示范引领作用，带动整个行业的创新发展和升级转型，推动青岛市跨境电商行业迈向更高的台阶。

4.1.2　市场拓展与需求变化

4.1.2.1　新兴市场潜力释放

欧美市场仍将是青岛市跨境电商的主要出口市场，但增长速度可能会放缓。2025 年，青岛对欧美市场的跨境电商出口额预计增长 8% ～ 10%。而新兴市场（如东南亚、拉美、中东等地区）将成为青岛市跨境电商新的增长点，预计 2026 年青岛对这些地区的出口额年增长率将达到 15% ～ 20%。

Statista（全球统计数据库）预测，到 2025 年，东南亚地区电商市场规模预计将达到 1 720 亿美元，2020—2025 年的年复合增长率约为 20.23%。东南亚地区人口众多，且互联网普及率正快速提升，中等收入群体规模不断壮大。消费者对电子产品、时尚服装、美妆护肤产品的需求日益旺盛。

市场研究机构"内幕情报"预计，2024—2027 年，拉丁美洲电商市场销售额将继续保持两位数的增长。当地消费者对家居用品、玩具、体育用品等有较高需求。

中东地区的消费者对奢侈品、高端电子产品和时尚产品的需求日益旺盛。研究数据表明，中东电商市场在 2024—2029 年期间的年增长率将达到 10%。

对于青岛市跨境电商企业而言，这些新兴市场是它们短期内拓展业务的重要方向。企业需要深入研究当地文化、消费者行为和法律法规，制定相应的市场策略。如在东南亚市场推广服装和美妆产品时要充分考虑当地的文化禁忌和消费者的审美偏好。

4.1.2.2 消费需求个性化与品质化升级

在时尚领域，消费者不再满足于大众款式，而是追求独特设计、限量版或定制化。调研显示，在 2024—2029 年期间全球定制服装市场规模将持续扩大，年增长率达到 8% 左右。

这种消费趋势的转变要求青岛市跨境电商企业具备强大的产品研发能力和创新能力。企业需要加大在设计、研发方面的投入，与供应商紧密合作，确保产品品质符合国际标准。

4.1.3 平台运营与技术应用

4.1.3.1 平台规则与算法变革

各大跨境电商平台为提升用户体验和平台竞争力，不断优化运营规则和算法。以亚马逊为例，其 A9 算法更加注重产品的相关性、客户满意度和产品质量。产品的标题、关键词、描述等信息的准确性和相关性对搜索排名的影响愈发关键。信息准确且符合消费者搜索习惯的关键词设置，能够让产品在搜索结果中获得更高的曝光率。

eBay 则在卖家评级和店铺运营指标方面持续优化，鼓励卖家提供优质的客户服务、快速的物流配送和高品质的产品。卖家评级高的店铺在搜索结果中会有更突出的展示，且在推广活动中也能获得更多的资源支持。

这些平台运营规则和算法的变化，要求青岛市跨境电商企业深入研究各平台的最新政策，不断优化店铺运营策略。

4.1.3.2　新兴营销模式兴起

近年来，直播带货和社交电商在全球范围内迅速崛起，成为跨境电商重要的营销渠道。如在美妆产品直播中，主播现场试用产品，详细介绍产品的使用方法和效果，可让消费者更直观地了解产品，进而影响其购买决策。

社交电商方面，Facebook、Instagram 等社交平台为跨境电商提供了广阔的营销空间。社交平台的精准广告投放功能，能够根据用户的兴趣、行为特征，将产品广告推送给目标客户群体。相关数据显示，Instagram 上的电商内容互动率较高，超过三分之一的用户表示曾因为在 Instagram 上看到相关内容而购买产品。

青岛的跨境电商企业应积极拥抱这些新兴营销模式。企业可以培养自己的专业主播团队，或与当地知名主播合作开展直播带货活动。同时，企业也要加强在社交平台上的品牌建设和内容营销，制作吸引力强的图片、视频等内容，提高品牌的知名度和影响力。

4.1.3.3　大数据技术应用深化

大数据技术在跨境电商领域的应用将在短期内更加深入和广泛。企业可以通过大数据分析技术实现精准营销。如通过分析消费者的历史购买记录和浏览行为，企业能够了解消费者的兴趣爱好，为其个性化推荐产品。数据显示，个性化推荐能够提高消费者的购买转化率，平均提升幅度达20%～30%。

在产品开发方面,大数据技术可以帮助企业了解市场趋势和竞争对手情况。通过对市场上同类产品的销售数据、评价数据进行分析,企业能够发现产品的痛点和消费者的潜在需求,从而开发出更具竞争力的产品。在供应链管理中,大数据技术可以实现对商品库存的精准预测,避免库存积压或缺货现象的发生。

青岛市跨境电商企业要加大在大数据技术方面的投入,建立完善的数据收集、分析和应用体系。企业可以引入专业的数据分析软件和人才,深入挖掘数据的价值,为企业决策提供有力的数据支持。

4.1.4 供应链与物流优化

4.1.4.1 供应链稳定性挑战与应对

在原材料供应方面,部分关键原材料在全球范围内存在供应紧张的情况。

在运输成本方面,国际海运价格虽然较疫情高峰期有所回落,但仍然处于波动高位。根据波罗的海干散货运价指数(BDI),海运价格受到全球经济复苏情况、航运市场供需关系等多种因素影响。此外,港口拥堵问题时有发生,进一步增加了运输时间和运输成本。

为应对这些挑战,青岛市跨境电商企业需要加强与供应商的战略合作。企业可以与供应商签订长期供应合同,确保原材料的稳定供应;同时,企业应积极寻找替代原材料和供应商,降低供应风险。在运输方面,企业可以采用多种运输方式结合的策略,如海运与空运相结合,根据产品交付的紧急程度和成本效益进行选择。此外,企业应加强与物流企业的沟通和协作,及时了解运输动态,适时优化运输方案。

4.1.4.2　海外仓的建设与运营

海外仓在跨境电商物流环节的重要性日益凸显。海外仓能够实现货物的本地化存储和快速配送，显著提升客户满意度。根据市场研究机构的报告，使用海外仓的跨境电商企业，其客户满意度平均提高 15% ～ 20%。

在供应链方面，海外仓的布局将更加完善。青岛企业目前在全球 30 多个国家和地区布局了 103 个海外仓，预计到 2026 年，青岛企业的海外仓数量将增加 20 ～ 30 个，仓储面积将扩大 30% ～ 40%，海外仓的智能化、信息化水平也将显著提升，货物存储、分拣、配送效率预计提高 30% ～ 50%。

越来越多的青岛市跨境电商企业在国外建立或租赁海外仓，提前将货物存储在当地。

然而，海外仓的建设和运营也面临一些问题，如仓储成本高、库存管理难度大等。青岛市跨境电商企业在建设海外仓时，需要合理规划仓储面积和布局，优化库存管理系统。同时，企业还要加强海外仓的人员管理和信息化建设，提高仓储作业效率和服务质量。

4.1.4.3　物流技术创新应用

物流技术的创新在短期内将为跨境电商行业带来新的变革。在仓储管理方面，自动化仓储设备（如自动化立体仓库、智能分拣机器人等）得到广泛应用。自动化立体仓库能够充分利用仓储空间，提高存储密度；智能分拣机器人可以实现快速、准确的货物分拣，提高分拣效率。

在运输过程中，物联网技术的应用使得货物的实时跟踪和监控成为可能。通过在货物包装和运输车辆上安装传感器，企业可以实时了解货物的位置、存储环境的温度和湿度等信息，确保货物在运输过程中的安全性和储存指标符合要求。

此外，无人机配送和无人车配送等新兴技术也在快速发展。在一些偏远地区或交通不便的区域，无人机配送可以实现快速送货上门。虽然这些技术目前还处于发展阶段，但短期内有望逐步成熟并应用于跨境电商物流领域。

青岛市跨境电商企业应关注物流技术的创新发展，积极引入先进的物流技术和设备。企业可以与物流科技企业合作，共同探索适合自身业务的物流解决方案，提高物流效率和物流服务质量。

4.1.5 人才需求与人才培养

青岛市跨境电商行业发展迅猛，专业人才需求呈现出持续攀升的态势。预计青岛跨境电商行业每年新增的人才需求将超过 5 000 人。

跨境电商运营人才负责店铺的整体运营和管理，需精通各大电商平台的规则与算法，具备敏锐的市场洞察力和策略制定能力；市场营销人才则要精准把握海外市场动态和消费者心理，制定行之有效的营销推广方案，提升品牌知名度和产品销量；物流管理人才在跨境物流的复杂环节中发挥着关键作用，需要优化物流线路、降低成本并确保货物及时准确送达；数据分析人才通过对海量数据的挖掘和分析，为企业制定决策提供有力支持，助力企业精准定位市场需求、优化产品和服务。

为解决人才需求难题，青岛市积极行动，人才引进与人才培养两手抓。一方面，青岛积极引进跨境电商优秀人才，如举办跨境电商创新创业人才大赛，为怀揣梦想的人才提供展示才华的舞台，从中挖掘和培养出一批具有潜力的专业人才；开展"产培融合·一链一招"外贸及跨境电商人才双选会，搭建起企业与人才之间的沟通桥梁，促进人才与岗位精准匹配。另一方面，青岛不断加大本地人才培养力度，青岛的高校和职业院校积极响应行业需求，进一步优化跨境电商相关专业设置，如在课程体系中融入更多前沿的知识和实践案例，加强实践教学环节，通过与企业合作建立实习基地、开展项目实训等方式，让学生在实际操作中积累经验、提升专业技能。预计在未来几年，青岛各院校每年可为行业输送的专业人才数量将增长 20% ~ 30%，为青岛跨境电商行业的持续发展提供坚实的人才保障。

4.2　长期趋势

4.2.1　全球化布局深化与国际合作加强

在全球经济一体化和数字化浪潮的推动下，跨境电商行业正经历着深刻的变革，青岛市跨境电商企业的全球化布局与国际合作也进入了新的发展阶段。这一长期趋势不仅受到全球市场环境变化的影响，还与青岛自身的产业基础和政策优势密切相关。从市场布局来看，青岛市跨境电商企业正积极拓展全球版图，将目光投向更具潜力的新兴市场。非洲是全球人口增长最快的大陆之一，拥有庞大的消费群体。世界银行数据显示，非洲的中等收入群体规模正在逐步扩大，这一群体对各类商品的需求日益多样化，尤其是对电子产品、服装和日用品等的需求呈现快速增长态势。目前，非洲的电商市场渗透率相对较低，但互联网基础设施的不断完善为当地跨境电商的发展提供了良好的契机。青岛的跨境电商企业应抓住这一机遇，通过与当地的物流和支付企业合作，逐步打开非洲市场。

东欧地区经济发展稳健，消费市场成熟且消费者对高品质产品有着较高的需求。欧洲电商协会的统计数据显示，东欧电商市场的年增长率保持在 12% ~ 15%。东欧消费者对设计独特、质量上乘的产品有浓厚的兴趣。青岛的服装和家居用品跨境电商企业针对这一市场特点，加大产品研发和设计投入，推出了一系列符合东欧消费者审美和使用习惯的产品。

中亚地区国家在"一带一路"倡议的推动下，与中国的经贸合作不断深化。中亚国家的基础设施建设需求旺盛，对中国的机械设备、建材等产品的需求持续增长。同时，随着中亚地区居民生活水平的提高，他们对电子产品、日用品的需求也日益增加。青岛市跨境电商企业借助地缘优势和政策支持，不断加强与中亚国家的贸易往来，持续开拓新的市场。

预计在未来 5 ~ 10 年，青岛市跨境电商企业在新兴市场的市场份额有望从目前的 20% 左右提升至 40% ~ 50%。

在国际合作方面，青岛充分发挥上合示范区、青岛自贸片区等国家级对外开放平台优势。上合示范区作为中国与上合组织国家经贸合作的重要窗口，为青岛市跨境电商企业在上合组织国家拓展市场提供了广阔的空间。目前，青岛已在多个上合组织国家建立了跨境电商合作机制，在物流配送、通关便利化和电子商务规则制定等方面开展深入合作。如青岛在乌兹别克斯坦建设了跨境电商物流枢纽，实现了货物的快速中转和配送。

随着这些国际合作的不断深化，青岛市跨境电商企业将在全球市场获得更广阔的发展空间，提升在全球跨境电商领域的影响力和竞争力。

4.2.2　品牌化与高端化发展

在全球市场竞争日益激烈的背景下，品牌化与高端化已成为青岛市跨境电商企业实现可持续发展的核心战略方向。这一长期趋势不仅是企业应对市场变化的必然选择，也是提升青岛市跨境电商产业整体竞争力的关键所在。

长期以来，部分青岛市跨境电商企业主要依靠低价策略在国际市场上获取市场份额，随着全球消费需求的不断升级和市场竞争的加剧，这种发展模式的局限性日益凸显。为突破发展瓶颈，青岛市跨境电商企业开始加大品牌建设和研发投入，致力于打造具有国际影响力的高端品牌。在品牌建设方面，企业深刻认识到品牌是企业的核心资产，是消费者认知和选择产品的重要依据。根据市场调研机构的数据，在全球电商市场中，品牌知名度高的产品往往能够获得更高的市场份额和更可观的利润。如在消费电子领域，苹果、三星等品牌凭借其强大的品牌影响力，在全球市场占据主导地位，其产品利润率远高于普通品牌。

青岛市跨境电商企业须借鉴国际知名品牌的成功经验，制定系统的品牌发展战略。首先，通过市场调研精准定位目标市场和消费者需求。其次，注重品牌形象的塑造和品牌宣传，加大在品牌设计、包装、广告宣传等方面的投入，在打造具有独特个性和文化内涵的品牌形象的同时，积极参加国际知名的展会等活动，提升品牌的国际知名度和美誉度。

在研发投入方面，企业应认识到只有不断创新，提升产品品质和附加值，才能在激烈的市场竞争中立于不败之地。近年来，青岛市跨境电商企业的研发投入呈现逐年增长的趋势，平均增长率达到 15%～20%。在一些高新技术领域，企业要加大研发力度，与高校、科研机构合作，共同攻克技术难题。

随着企业品牌建设和研发创新的持续推进，预计到 2030 年，青岛市跨境电商品牌产品的销售额占比将从目前的 30% 左右大幅提升至 60%～70%。同时，青岛将培育出 50 个以上在国际市场上具有较高知名度和美誉度的跨境电商品牌，这些品牌将成为青岛市跨境电商行业的领军力量，推动青岛市跨境电商向高端化方向发展。

4.2.3　跨境电商与传统贸易深度融合

在时代浪潮下，跨境电商与传统贸易融合已成为不可阻挡的长期趋势。青岛作为中国重要的外贸城市，在推动跨境电商与传统贸易深度融合方面具有独特的优势。

对于青岛的传统外贸企业而言，跨境电商的兴起为企业发展提供了新的发展机遇和增长空间。传统外贸企业长期以来依赖传统贸易模式，在销售渠道、客户资源等方面存在一定的局限性。而跨境电商平台的出现，打破了这些限制。调研数据显示，截至 2024 年，青岛已有超过 50% 的传统外贸企业涉足跨境电商领域。

通过跨境电商平台，传统外贸企业能够直接向全球消费者推荐、销售自己的产品。传统外贸企业需要积极探索线上线下融合的贸易模式——线上平台进行产品展示、推广和销售，线下实体门店、体验店为消费者提供产品体验和售后服务。不少传统家电外贸企业在国内和国外的主要市场开设了线下体验店，消费者可以在店内体验产品的性能，然后通过线上平台下单购买，享受便捷的配送服务。预计到 2030 年，青岛传统外贸企业通过跨境电商实现的贸易额占其总贸易额的比重将达到 70%～ 80%。这一转变将极大地提升传统外贸企业的市场竞争力和创新能力，推动传统外贸企业实现转型升级。

跨境电商企业仍需积极参与传统贸易展会。传统贸易展会是企业展示产品、拓展业务渠道的重要平台。跨境电商企业通过参加广交会、华交会等国际知名展会，能够与国内外的供应商、采购商进行面对面的交流与合作，拓展业务资源。

通过与跨境电商的深度融合，青岛的外贸企业将构建更加完善的全球贸易网络，提升在全球贸易市场中的地位和影响力，推动青岛外贸行业实现高质量发展。

4.2.4　数字化转型与创新

4.2.4.1　大数据技术全面赋能

长期看，大数据技术将全面融入跨境电商领域的各个环节。

在产品推荐方面，大数据技术能更加精准地为消费者推荐符合其需求的产品。通过分析消费者的浏览历史、购买记录、社交行为等多维度数据，大数据能够深入了解消费者的兴趣和偏好，实现个性化推荐。个性化推荐不仅能够提高消费者的购买转化率，还能增强消费者对平台的黏性。

在供应链管理中，大数据技术可以实现智能调仓补货。通过对历史销售数据、市场趋势、季节因素等多种数据的分析，人工智能能够准确预测产品的销量，帮助企业合理安排生产和控制库存，避免库存积压或缺货现象的发生。

青岛的跨境电商企业需要加大在大数据技术方面的投入，培养和引进专业的大数据人才。企业可以与高校、科研机构合作，开展大数据技术在跨境电商领域的应用研究，推动企业数字化转型。

4.2.4.2　物联网深度融合

物联网技术将在跨境电商领域实现更深度的应运。在产品生产环节，物联网技术可以实现对生产设备的实时监控，提高生产效率。通过在生产设备上安装传感器，企业可以实时了解设备的运行状态、生产进度等信息，及时发现和解决生产过程中出现的问题。

在物流环节，物联网技术使得货物在运输和仓储过程中的全流程监控成为现实。通过物联网设备，企业可以实时跟踪货物的位置，掌握储存环境的温度、湿度等信息，确保货物在运输过程的安全可靠。在仓储管理中，物联网技术可以实现库存的自动化管理，通过智能货架和传感器，实时了解库存数量和货架位置，实现快速补货和发货。

在产品销售环节，物联网技术可以为消费者提供更便捷的购物体验。如智能家居产品可以通过物联网与消费者的手机或其他智能设备连接，消费者可以随时随地控制和管理家居产品，同时也可以通过设备直接下单购买相关产品或配件。

青岛市跨境电商企业应积极探索物联网技术在跨境业务中的应用场景，

推动企业的数字化转型。企业可以引入物联网设备和系统，加强与物联网技术供应商的合作，提升企业的运营效率和服务质量。

4.2.4.3 区块链应用拓展

区块链技术在跨境电商领域的应用将不断拓展。在跨境支付方面，区块链技术可以实现安全、快速、低成本的跨境支付。传统跨境支付存在手续费高、结算周期长等问题，而区块链技术通过去中心化的分布式账本和加密算法，能够实现实时结算，降低支付成本和汇率波动风险。

在产品溯源方面，区块链技术可以为消费者提供产品从原材料采购、生产加工到销售的全流程溯源信息。消费者通过扫描产品上的二维码或其他标识，就可以在区块链平台上查看产品的详细信息，确保买到安全可靠的商品。

在知识产权保护方面，区块链技术可以为跨境电商企业的产品和品牌提供有效的保护。企业可以通过将产品的设计、专利等信息记录在区块链上，形成不可篡改的证据，来应对侵权行为。

青岛市跨境电商企业要关注区块链技术的发展动态，积极参与区块链技术应用的试点和推广。企业可以与金融机构、科技企业合作，探索区块链技术在跨境电商业务中的应用模式，提升企业的竞争力和抗风险能力。

4.2.5 绿色可持续发展

4.2.5.1 绿色消费需求增长

根据市场调研机构的报告，全球绿色消费市场规模预计在未来几年内将以每年10%～15%的速度增长。青岛跨境电商企业应在商品包装、物流、生产加工等环节积极采用环保材料和绿色技术，减少碳排放。预计在未来5～10年，青岛市跨境电商企业的绿色包装使用率将达到80%以上，绿色物流配送比例将提升至 50% ～ 60%。

在服装领域，消费者对有机棉、再生纤维等环保面料制成的服装需求增加；在电子产品领域，消费者更关注产品的能源效率和可回收性。这种绿色消费需求的增长要求青岛市跨境电商企业将绿色可持续发展理念贯穿于产品的全生命周期。企业在产品设计阶段，应选择环保材料和可回收材料，优化产品结构，减少资源浪费；在生产过程中，企业要采用节能减排的生产工艺，降低能源消耗和碳排放；在产品包装方面，企业应使用可降解、可回收的包装材料，减少包装废弃物对环境的污染。

4.2.5.2　环保法规日益严格

各国政府对环境保护的重视程度不断提高，纷纷出台严格的环保法规和标准。在欧盟，《废弃电子电气设备指令》（WEEE）、《关于化学品注册、评估、授权和限制的法规》（REACH）等法规对在欧盟市场销售的产品（包括进口产品）环保要求十分严格。企业需要确保产品符合这些法规标准，才能进入欧盟市场。

在国内，"双碳"战略目标的提出对跨境电商企业的生产经营提出了更高的环保要求。企业需要加强对环保法规、政策及相关标准的学习和研究，及时调整生产和经营策略，确保企业的生产经营活动符合环保要求。

为满足环保法规要求，青岛市跨境电商企业需要加大在环保技术研发和应用方面的投入。企业可以与科研机构合作，开展环保材料、节能减排技术等方面的研究，提升企业的环保水平。

4.2.5.3　可持续发展实践

可持续发展不仅是企业应对市场竞争的必然选择，也是企业社会责任的重要体现。越来越多的跨境电商企业开始将可持续发展纳入企业发展战略。

青岛市跨境电商企业应积极借鉴国际先进经验，开展可持续发展实践。企业可以制定可持续发展目标和行动计划，加强对员工的环保教育，提高员工的环保意识，通过开展可持续发展实践提升企业的品牌价值和竞争力。

4.2.6 产业融合与生态构建

4.2.6.1 跨境电商与制造业融合

未来，跨境电商与制造业将实现更深度的融合。跨境电商平台可利用大数据技术获取消费者的需求信息，并将这些需求反馈给制造业企业。制造业企业可根据消费者的个性化需求，实现"柔性生产"和"定制化生产"。如在服装制造领域，消费者可以通过跨境电商平台上传自己的身材尺寸、设计要求等信息，制造业企业可根据这些信息进行个性化生产，实现从"以产定销"到"以销定产"的转变。

这种融合模式不仅能够提高生产效率，降低库存成本，同时也可满足消费者的个性化需求。这就要求跨境电商企业和制造业企业必须建立更加紧密的合作关系，实现信息共享和协同发展。

青岛作为中国重要的制造业基地，拥有雄厚的制造业基础。青岛的跨境电商企业应加强与本地制造业企业的合作，推动跨境电商与制造业的深度融合，共同打造具有竞争力的跨境电商产业链。

4.2.6.2 跨境电商与服务业协同

跨境电商的发展离不开金融、物流、保险、法律等服务业的支持。未来，跨境电商与服务业将实现更紧密的协同发展。在金融服务方面，银行等各类金融机构应为跨境电商企业提供更便捷的融资渠道、跨境支付服务和风险管理解决方案。如推出针对跨境电商企业的信用贷款产品，解决企业的融资难题；提供多种货币的跨境支付服务，降低支付成本和汇率波动风险。在物流服务方面，物流企业应与跨境电商企业合作，提供一站式物流解决方案，包括仓储、运输、配送、清关等全流程服务，提高物流效率和服务质量。在保险服务方面，保险公司可开发适合跨境电商的保险产品，如货物运输保险、产品质量保险等，为跨境电商企业提供风险保障。

青岛应加强跨境电商服务体系建设，吸引更多的金融、物流、保险等领域服务机构入驻。青岛可通过建立跨境电商综合服务平台，整合各类服务资源，为跨境电商企业提供便捷、高效的一站式服务。

4.2.6.3　产业生态系统构建

未来，青岛市跨境电商将形成更加完善的产业生态系统，跨境电商产业生态系统的构建将是重要的长期发展趋势。产业生态系统包括跨境电商企业、制造业企业、服务业企业、科研机构、政府部门等多个主体。各主体之间相互协作、相互依存，形成一个有机的整体。预计到 2030 年，青岛将培育出 3 ～ 5 个具有国际影响力的跨境电商平台，跨境电商企业数量突破 5 000 家，跨境电商相关服务企业数量达到 2 000 家以上。同时，青岛市跨境电商将呈现集群化发展态势，形成多个跨境电商产业园区和产业带，实现产业协同发展和资源共享，提升产业整体竞争力。

在产业生态系统中，跨境电商企业作为核心主体，起着连接市场与其他产业环节的关键作用。它们通过电商平台直接接触全球消费者，收集市场需求信息，并将这些信息反馈给产业链的其他环节。

制造业企业依据跨境电商企业反馈的需求信息，进行针对性的产品研发与生产，凭借自身的生产技术与工艺优势，为跨境电商企业提供高品质、符合市场需求的产品。

服务业企业则为跨境电商平台、企业和制造业企业提供全方位的支持。

物流企业搭建起高效的运输网络，确保产品能够及时、准确地送达全球消费者手中。以青岛港为依托的众多物流企业，不断优化航线布局，加强与国际物流巨头的合作，提升货物运输效率。同时，金融机构为企业提供多样化的金融服务，如跨境支付、贸易融资等，解决企业在跨境业务中的资金周转问题。保险企业针对跨境电商业务特点，开发诸如货物运输保险、产品责任保险等险种，为企业分担经营风险。

科研机构在产业生态系统中承担着技术创新与人才培养的重任。一方面，它们致力于研发新技术，如人工智能在跨境电商客户服务中的应用、区块链技术在产品溯源和供应链管理中的应用等，推动整个产业的数字化升级。另一方面，科研机构通过与高校合作，开设相关专业课程，为跨境电商产业培养具备创新能力和专业知识的人才。如青岛的一些高校与科研机构联合开展跨境电商人才培养项目，设置跨境电商运营、国际物流管理等专业课程，为产业输送大量高素质人才。

政府部门在产业生态系统构建中发挥着引导和保障作用。政府通过制定相关政策，如税收优惠、财政补贴等，鼓励企业开展跨境电商业务，促进产业发展。同时，政府通过加强基础设施建设，完善电商园区、物流园区等配套设施，为企业提供良好的发展环境。此外，政府还应积极推动跨境电商行业标准的制定，加强市场监管，维护公平竞争的市场秩序。

为促进跨境电商产业生态系统的健康发展，跨境电商各主体之间需要加强沟通与协作，如通过建立产业联盟、开展行业交流活动等方式搭建起信息共享与合作的平台。青岛定期举办跨境电商产业峰会，邀请跨境电商企业、制造业企业、服务业企业、科研机构和政府部门等各方代表参会，共同探讨产业发展趋势，交流合作经验，推动产业生态系统的不断完善。随着跨境电商产业生态系统的不断成熟和完善，青岛的跨境电商产业将在全球市场中占据更有利的地位，实现可持续、高质量发展。

第 5 章　典型案例

2024 年 10 月 18 日，青岛市贸易发展服务中心联合青岛跨境电商综试区公共服务平台、青岛市跨境电子商务协会，评选出了首批 7 个跨境电商"品牌出海"优秀案例，并在 2024 青岛跨境电商高质量发展交流大会上发布，这些优秀案例极具借鉴意义与参考价值（本书精选了其中 6 个案例）。

5.1　青岛易和数字科技有限公司：跨境数字供应链服务平台易和网赋能中国制造企业数字化出海案例

在全球经济一体化的背景下，发展跨境电商已成为中国企业拓展海外市场的重要途径。青岛易和数字科技有限公司（简称易和网）凭借其创新的跨境数字供应链服务平台，为中国制造企业数字化出海提供了全方位的支持，助力众多中国企业在国际市场上崭露头角。

5.1.1　公司简介

易和网以大数据、云计算和 AI 智能技术为支撑，致力于打造聚焦泛工业领域的跨境贸易及服务生态系统。公司以赋能中国企业数字化出海为使命，为行业上下游企业提供高效便捷的跨境 B2B 交易服务、跨境供应链服务、数字化招标采购服务。易和网现有员工数百人，业务覆盖亚太、泛俄、中东、欧洲、北美、南美、非洲等地区的大部分国家，拥有庞大的营销及服务网络。

5.1.2 行业痛点与挑战

1.供应链冗长复杂

易和网涉足的机电、能源、化工等行业具有技术密集专业化、跨境交易全球化的特点，供应链环节众多，从原材料采购、生产制造、产品运输到销售，涉及多个国家和地区的众多不同企业，信息传递不畅常导致供应链效率低下。

2.跨境服务难题

语言与文化差异：不同国家和地区的语言和文化差异巨大，使得企业在与海外客户沟通及品牌推广等方面面临困难。

政策与法规风险：各国的贸易政策、税收政策、质量标准等各不相同，企业需要花费大量时间和精力去了解和适应，增加了运营成本和交易风险。

物流与运输障碍：跨境物流面临运输距离远、运输时间长、运输方式复杂等问题，同时还存在清关手续烦琐、物流信息跟踪困难等障碍，会影响货物的及时交付和客户满意度。

需求与转化困境：企业难以精准把握海外市场需求，产品与市场需求不匹配、营销推广转化效率低严重制约了企业海外业务的拓展。

5.1.3 易和网的解决方案与创新模式

1.数字化供应链服务平台建设

整合全球供需信息：易和网搭建了面向全球的数字化供应链服务平台，

通过大数据技术整合全球范围的供需信息，打破信息壁垒，实现上下游企业的无缝对接。海外采购商可以在平台上发布采购需求，平台利用智能算法为其精准匹配供应商，提高交易成功率。

提供多元服务：平台提供高效便捷的跨境 B2B 交易服务，包括在线交易、订单管理、支付结算等；平台还提供跨境供应链服务，如物流配送、仓储管理、报关清关等；平台还提供数字化招标采购服务，帮助企业降低采购成本、提高采购效率。

提升供应链透明度：平台利用区块链技术，对供应链各环节的数据进行加密存储并进行共享，实现供应链信息的可追溯和透明化，让企业和客户实时了解货物的运输状态、库存情况等信息。

2. 海外仓建设

创新仓储模式：易和网采用"自建仓＋合作仓＋共享仓"的方式，在全球多个关键节点建立了海外仓，为上下游客户提供海外本地化仓储及物流服务。自建仓能够更好地控制仓储运营和服务质量；合作仓可以借助合作伙伴的资源和优势快速拓展仓储网络；共享仓则提高了仓储资源的利用率，降低了成本。

助力企业克服难点：对于上游制造企业，海外仓让其可以提前备货，克服交期紧的难点，当海外客户有订单需求时，供应商能够及时从海外仓发货，缩短交货时间，提高客户满意度；对于下游采购商来说，海外仓可让他们更快地收到货物，满足其及时补货的需求。

3. 数字化营销与智能客服

数字化营销推广：平台利用大数据技术为企业制定精准的数字化营销方案，通过社交媒体营销、搜索引擎优化（SEO）、搜索引擎营销（SEM）等多种手段，提高企业品牌在海外市场的知名度和曝光度，吸引更多潜在客户。

智能客服支持：平台引入了 AI 智能客服，24 小时在线服务，能够快速响应海外客户的咨询，而且智能翻译技术的应用打破了语言障碍。同时，智能客服还能对客户问题进行分析，为企业优化产品和服务提供数据支持。

5.1.4　成功案例

1. 中东合金钢项目

中东客户 L 有一个重要的项目迟迟找不到合适的供应商，易和网中东团队迅速介入，通过易和网平台发布询盘，同时在平台庞大的供应商资源中进行智能匹配，高效对接国内厂家。很快，平台上就有多家国内供应商发起响应。经过三轮报价和技术对接，客户 L 最终选择了供应商 F 的报价和方案，并委托易和网协调样品测试。易和网国内团队迅速响应，与 F 工厂协调确认样品规格和检验报告，仅用 2 天时间便将样品送到了客户手中。经过客户测试，样品合格，最终客户 L 与供应商 F 成功签订订单。在这一案例中易和网既解决了客户 L 的燃眉之急，又为供应商 F 开拓了海外市场，充分展示了平台在跨境数字供应链服务中的运作能力和服务水平。

2. 助力中国企业开拓拉美市场

2024 年 3 月 9 日，易和网与墨西哥工业品 B2B 平台 Mexico Industry 举行线上签约仪式，双方达成战略合作伙伴关系。易和网的定位是跨境数字供应链服务平台，平台聚焦机电、能源、化工三大领域，拥有 4 500 多家优质供应商。Mexico Industry 是一家在墨西哥工业品采购领域具有重要地位的平台，在美国休斯敦、墨西哥蒙特雷、墨西哥城及其他主要城市均设有办公地点，拥有 37 000 多名会员，其中超过 70% 的会员担任高级管理职位。

易和网联合 Mexico Industry 帮助众多中国出口企业在墨西哥提升了其品牌曝光及知名度，获取到更多高质量的采购线索。双方合作举办的各类线上线下供需对接会，既助力中国工业品企业开拓了商机，又满足了墨西哥市场日益增长的采购需求。通过这一合作，众多中国工业品企业成功进入拉美市场，拓展了业务版图，提升了国际竞争力。

5.1.5　赋能成果

1. 给制造业企业直接赋能

拓展海外市场：平台帮助众多中国制造企业打破地域限制，将产品推向全球，拓宽了企业的销售渠道。许多企业通过易和网平台，成功进入以前难以涉足的海外市场，实现了业务的国际化拓展。

提高交易效率：平台通过数字化供应链服务和高效的撮合服务，大大缩短了企业寻找客户、洽谈业务、签订订单的时间，极大地提高了交易效率。同时，平台海外仓也提高了货物交付速度。

降低运营成本：平台数字化招标采购服务帮助企业降低了采购成本；跨境供应链服务的整合优化，降低了物流成本和仓储成本；智能客服和数字化营销减少了人工成本和营销成本。

2. 对行业生态的积极影响

促进产业集群发展：易和网依托全球营销网络服务体系，通过需求挖掘和资源整合，形成了能源、机电、化工三大行业的数字产业集群。产业集群内的企业相互协作、资源共享，促进了行业的整体发展。

推动行业数字化转型：易和网的成功实践，为机电、能源、化工等传统行业的数字化转型提供了示范，促使更多企业加大在数字化技术、跨境电商领域的投入，推动整个行业向数字化、智能化方向发展。

5.1.6 未来展望

1. 技术创新驱动

平台将持续加大在大数据、云计算、AI智能、区块链等技术领域的研发投入，不断优化和升级跨境数字供应链服务平台。（1）运用大数据和AI技术，实现供应链的全面可视化和智能预测，助力企业提前规划生产、采购和物流活动，降低库存成本和商品积压风险；（2）利用物联网、机器人等技术，实现供应链全链路的自动操作和智能协同，提高效率；（3）进一步完善区块链技术在供应链环节的应用，增强数据安全性，实现信息共享。

2. 拓展国际合作

平台将加强与国际知名企业、机构、平台的合作交流，拓展全球营销网络和服务体系。（1）与更多海外优质平台建立合作关系，为中国制造业企业提供更多进入国际市场的机会；（2）积极参与国际行业标准的制定，提升易和网在全球跨境数字供应链领域的话语权和影响力。

3. 深化产业服务

平台将进一步深化对机电、能源、化工等行业的服务，挖掘行业痛点和需求，提供更加个性化、专业化的解决方案。平台会针对不同行业的特点，优化供应链服务流程，提高服务质量；同时，平台将加强对企业的培训和指导，帮助企业提升跨境电商运营能力和数字化管理水平。

青岛易和数字科技有限公司的跨境数字供应链服务平台易和网，通过创新的模式和服务，成功赋能中国制造业企业数字化出海，在解决行业痛点、推动企业发展和产业升级等方面取得了显著成效。未来，易和网将继续发挥自身优势，不断创新和发展，为中国企业在全球市场的竞争中提供更强大的支持和助力。

5.2 青岛欧瑞柯数字科技有限公司：专注于商用制冷产品的跨境电商独立平台案例

在跨境电商蓬勃发展的时代浪潮中，众多中国企业积极拓展海外市场，寻求新的发展机遇。青岛欧瑞柯数字科技有限公司另辟蹊径，通过搭建跨境电商独立平台，走出了一条独具特色的品牌出海之路。2024 年，该公司凭借其在跨境电商领域的卓越表现，入选青岛综试区首批跨境电商"品牌出海"优秀案例。

5.2.1 公司及其业务简介

青岛欧瑞柯数字科技有限公司是一家专注于商用制冷产品的跨境电商贸易公司，产品主要销往北美市场。欧瑞柯始终秉持 Sustainably Yours, Orikool Cares（欧瑞柯关注你的可持续发展）理念，以 ESG（Environmental 环境、Social 社会、Governance 公司治理）为可持续发展原则，致力于为海外客户提供优质服务。

5.2.2 跨境电商市场的机遇与挑战

1. 市场机遇

随着全球经济一体化进程的加快，跨境电商市场规模持续扩大。消费者对于高品质、个性化商用制冷产品的需求不断增长，尤其是在北美发达国家和地区，商业活动的繁荣促使商用制冷设备市场需求旺盛。

2. 面临的挑战

激烈的市场竞争：商用制冷产品市场竞争激烈，国际知名品牌众多，新兴企业层出不穷。如何在众多竞争对手中脱颖而出，树立独特的品牌形象，吸引消费者的关注，是欧瑞柯面临的首要挑战。

复杂的产品认证和质量标准：不同国家和地区适用的法规和标准各不相同，如美国有 ETL 等认证要求，以及 DOE 和 CEC 等机构制定的相关标准。企业需要投入大量的时间和人力，确保产品符合不同国家和地区不同的要求。

跨境物流与供应链管理难题：跨境物流涉及的环节多，运输距离长，物流成本高，且存在运输时间不稳定、清关手续烦琐等问题，这对企业的供应链管理能力提出了很高的要求。

跨文化沟通与客户服务挑战：面对不同文化背景的消费者，如何准确理解他们的需求，提供及时、有效的客户服务，是企业在海外市场立足的关键。语言障碍、文化差异可能导致沟通不畅，影响客户满意度和品牌形象。

5.2.3　跨境电商独立平台的搭建与运营策略

1. 平台搭建

技术投入与自主研发：欧瑞柯投入大量资金进行技术研发，打造了具有自主知识产权的品牌官网。官网采用先进的电子商务技术架构，页面设计简洁美观，产品展示清晰直观，方便消费者浏览和选购商品。

功能完善与个性化定制：平台不仅具备基本的商品展示、在线交易、支付结算等功能，还提供个性化定制服务。消费者可以根据自己的需求，定制不同规格、尺寸、颜色的商用制冷产品。

2. 品牌建设

商标注册与品牌保护：欧瑞柯积极推进品牌建设，目前已拥有美国商标局认证的商标 Orikool，确保自身品牌在国际市场的合法性，保护品牌安全。

品牌塑造与宣传：通过调研，企业将自身定位为高品质、可持续的商用制冷产品供应商，企业还利用线上线下多种渠道进行品牌宣传，如参加国际行业展会、举办产品发布会、在社交媒体平台进行广告投放等，提高品牌知名度和美誉度。

3. 产品策略

产品认证与质量把控：企业所有的产品均已获得 ETL 等美国权威认证，并符合 DOE 和 CEC 等美国权威机构的认证标准。企业还建立了严格的质量控制体系，从原材料采购、生产加工到产品检测，每一个环节都严格把关，保证产品的可靠性和稳定性。

产品创新与升级：（1）关注市场动态和消费者需求变化，不断投入研发资源，进行产品升级和创新；（2）推出节能环保、智能化控制的商用制冷产品，满足市场对于绿色、智能产品的需求，提升产品的竞争力。

4. 渠道拓展

线上线下融合发展：除了通过自有品牌官网进行销售外，欧瑞柯还积极拓展其他线上销售渠道，如与业马逊、ebay 等知名电商平台合作，扩大产品的销售范围。欧瑞柯还与 Home Depot、Lowe's 等知名连锁机构建立了合作关系，将产品铺设到实体门店，实现线上线下的有机结合。

海外仓布局与物流优化：欧瑞柯在美国东部、西部都设立了海外仓，实现了产品的本地化存储和配送。海外仓的建立，使欧瑞柯能够快速响应客户订单，缩短交货时间，提高客户满意度。同时，欧瑞柯积极优化物流配送方案，与多家国际知名物流企业合作，提高物流效率。

5. 客户服务与售后保障

组建专业客服团队：欧瑞柯配备了专业的美国本土客服团队，他们熟悉当地文化和市场情况，能够流畅地与客户进行沟通。客服团队 24 小时在线，提供售前咨询、售中支持和售后服务。

完善的售后保障体系：欧瑞柯建立了完善的售后保障体系，为客户提供产品维修、保养、更换零部件等服务。如企业在北美地区设立了多个售后服务网点，确保客户在遇到问题时能够得到及时解决，提高了客户的忠诚度和品牌口碑。

5.2.4 成功案例

1. 市场份额与销售业绩增长

通过一系列的运营操作和市场拓展活动，欧瑞柯的市场份额不断扩大，产品覆盖全美，并辐射加拿大、墨西哥市场。企业年营业额逐步增长至 2 000 万美元，在商用制冷产品跨境电商领域占据了一席之地。

2. 品牌影响力提升

orikool 品牌在北美市场的知名度和美誉度不断提升，已成为商用制冷领域的知名品牌，得到了消费者的认可和信赖，越来越多的商业客户选择欧瑞柯的产品。

3. 客户满意度与忠诚度提高

欧瑞柯专业的客户服务和完善的售后保障体系，使得客户满意度和忠诚度大幅提高。客户的重复购买和推荐为企业带来了良好的口碑。

5.2.5 经验总结与未来展望

1. 经验总结

精准定位是关键：专注于商用制冷产品领域，精准定位目标市场和客户群体，深入了解客户需求，提供针对性的产品和服务，是欧瑞柯在激烈的市场竞争中脱颖而出的关键。

品牌建设是核心：欧瑞柯十分重视品牌建设，通过商标注册、品牌形象塑造和品牌营销等方式，不断提升品牌的知名度和美誉度，树立了独特的品牌形象，增强了品牌的市场竞争力。

产品质量是根本：欧瑞柯严格把控产品质量，确保产品符合国际标准，不断进行产品创新和升级，满足消费者对高品质、个性化产品的需求。

渠道拓展是动力：欧瑞柯积极拓展线上线下销售渠道，并通过海外仓布局和物流优化，提高物流配送效率，降低物流成本，提升客户体验。

客户服务是保障：欧瑞柯建立了专业的客户服务团队和完善的售后保障体系，及时解决客户的问题，提高客户满意度和忠诚度，为企业的持续发展打下了坚实基础。

2. 未来展望

技术创新与产品升级：欧瑞柯将持续加大在技术研发方面的投入，引入先进的制冷技术和智能化控制技术，不断推出更节能环保、高效智能的商用制冷产品，以更好地满足消费者的需求。

市场拓展与全球化布局：欧瑞柯将在巩固北美市场的基础上，进一步拓展欧洲、亚洲等国际市场，实现全球化布局，并加强与国际知名企业的合作，提升品牌在国际市场的影响力。

数字化转型与智能化运营：欧瑞柯将加快企业数字化转型步伐，利用大数据、人工智能等技术，优化企业运营管理，提高运营效率和决策科学性。

通过智能化运营，实现精准营销、个性化服务和供应链优化。

绿色可持续发展：企业秉承 ESG 可持续发展理念，从产品设计、生产制造到物流配送，全过程贯彻绿色环保理念，推动企业可持续发展。

青岛欧瑞柯数字科技有限公司在跨境电商领域的成功实践，为其他企业提供了宝贵的经验。在未来的发展中，欧瑞柯会不断提升自身的核心竞争力，在全球商用制冷产品市场中创造更加辉煌的业绩。

5.3 青岛谷雅国际电子商务有限公司：专注于假发、睫毛、美妆品类的 Uniwigs 跨境电商独立平台案例

在跨境电商发展进入深水区的当下，青岛谷雅国际电子商务有限公司凭借 Uniwigs 跨境电商独立平台，在激烈的市场竞争中脱颖而出，走出了一条兼具品牌辨识度与市场渗透力的品牌出海新路径。

5.3.1 公司简介

青岛谷雅国际电子商务有限公司自 2011 年起进入电子商务领域，深耕假发美妆产品的跨境电商零售出口 B2C 业务。公司拥有 Uniwigs、Lavividhair 两大品牌，销售网络覆盖全球 120 多个国家和地区。作为中国（青岛）跨境电商综合试验区首批示范企业，2021 年青岛谷雅入选山东省重点支持的跨境电商平台，并在 2022 年荣获青岛市"专精特新"中小企业称号。

自 2012 年上线以来，Uniwigs 已发展成为全球顶尖的假发品牌和独立平台。Uniwigs 产品丰富多样，能够满足不同消费者的个性化需求。Uniwigs 社

交媒体账号在北美地区的粉丝量已超过 100 万，先后与 5 000 多个网络媒体达人展开合作，形成了独特的网络营销模式。近年来，公司推行 O2O 模式，与 580 家本地沙龙和独立发型师达成合作，着力推动品牌的本地化进程。

5.3.2　跨境电商市场的机遇与挑战

1. 市场机遇

假发、假睫毛等美妆品类在全球范围内拥有广阔的市场空间。尤其是在欧美发达国家和地区，消费者对美妆产品的接受度更高、消费能力更强，相关产品在欧美市场有巨大的市场空间。同时，互联网技术的飞速发展和社交媒体的普及，为这类跨境电商企业提供了更加便捷的营销渠道，降低了企业拓展海外市场的门槛。

2. 面临的挑战

激烈的市场竞争：美妆行业竞争异常激烈，在假发、假睫毛等细分领域，传统美妆巨头已占据了大量的市场份额，而新兴的跨境电商品牌还在不断涌现。面对众多竞争对手，如何突出自身品牌特色、吸引消费者的关注，是谷雅面临的首要挑战。

复杂的产品认证和质量标准：不同国家和地区对于美妆产品的产品认证和质量标准差异较大。如欧盟对化妆品的成分、标签等有着严格的规定；美国则对产品的安全性要求极高。企业需要投入大量的时间和人力成本，确保产品符合当地的法规标准，否则将面临产品被召回、罚款，甚至被禁止进入市场的风险。

供应链管理难题：美妆产品的供应链涉及原材料采购、生产加工、质量检测、仓储物流等多个环节。确保供应链的稳定和高效，及时满足市场需求，同时控制成本，是企业运营的关键。然而，原材料价格波动、生产周期不稳定、物流风险不可控等因素都给供应链管理带来了诸多挑战。

消费者需求变化快：时尚潮流变化迅速，消费者对于美妆产品的款式、材质等方面的要求随时都在变化。企业需要具备敏锐的市场洞察力和高效的产品研发能力，及时推出符合市场需求的新产品，否则将难以跟上市场的变化。

跨文化营销与客户服务挑战：面对多元文化语境下的消费群体，如何进行有效的跨文化营销、准确传达品牌理念和产品价值，是企业需要解决的重要问题。同时，提供多语言、本地化的客户服务，满足不同地区消费者的售后服务诉求，也是提升客户满意度和品牌忠诚度的关键。

5.3.3　跨境电商独立平台的搭建与运营策略

1. 平台搭建

技术投入与自主研发：谷雅公司投入大量资金自主研发的 Uniwigs 跨境电商独立平台已形成完整的知识产权体系。平台依托前沿电子商务技术架构，在用户体验和安全防护层面实现双重冲破：界面设计遵循极简美学原则，产品展示兼具视觉张力和信息透明度，系统支持多语态切换和全球主流支付方式，满足全球消费者的购物需求。

功能完善与个性化定制：平台不仅构建起涵盖商品展示、在线交易、支付结算的数字交易体系，更以技术赋能个性化定制服务生态。消费者可以上传发型照片或需求描述启动定制流程，平台的专业设计师团队将为其提供个性化的假发设计方案，并实现定制生产。这种 C2M 模式下的规模化定制化生产，有效满足了消费者对于个性化产品的需求，提升了客户满意度和品牌竞争力。

2. 品牌建设

品牌定位与形象塑造：谷雅公司为 Uniwigs 品牌锚定"关爱、时尚、个性"的价值坐标，着力打造时尚、高品质的假发行业标杆。通过精准的市场定位，针对不同消费群体的需求，公司矩阵式推出多元化的产品系列，同时，联动专业的品牌策划团队，设计独特的品牌标识、包装和宣传文案，塑造鲜明的差异化形象。

社交媒体营销与品牌传播：谷雅公司充分利用社交媒体平台进行品牌传播和推广。品牌在 Facebook、Instagram、TikTok 等全球主流社交媒体平台构建传播阵地，定期发布产品信息、时尚搭配教程、用户案例等内容，吸引粉丝关注和互动。其创新之处在于与 5 000 多名网络媒体达人合作，邀请他们试用和推荐产品，借助达人的影响力和粉丝基础，扩大品牌知名度和美誉度。此外，品牌以各类国际时尚展会和美妆活动为支点，展示品牌形象和最新产品，提升品牌在行业内的影响力。

3. 产品策略

产品研发与创新：公司组建了专业的产品研发团队，不断投入研发资源，推出新的产品。技术方面，品牌在假发产品的材质、制作工艺等方面进行创新，在发丝贴合度、头皮透气性方面实现技术突破。同时，品牌不断拓展产品线，除了核心假发产品外，还推出了睫毛、美妆工具等相关产品，满足消费者一站式购物需求。

质量控制与认证：公司高度重视产品质量，建立了严格的质量控制体系。从原材料采购、生产加工到产品检测，每一个环节公司都严格把关，确保产品符合国际质量标准。公司还积极申请各类国际认证，提升产品在国际市场的认可度和竞争力。

4. 渠道拓展

线上线下融合发展：除了通过 Uniwigs 独立平台进行线上销售外，公司还积极拓展线下销售渠道，如将产品铺设到线下实体店铺，为消费者提供更加直观的购物体验。此外，公司还与亚马逊、eBay 等知名电商平台合作，扩大产品的销售范围和市场覆盖面。

海外仓布局与物流优化：公司在全球多个重要市场设立了海外仓，通过海外仓实现产品的本地化存储和配送，大大缩短了交货时间，提高了客户满意度。同时，公司持续优化物流配送方案，与多家国际知名物流企业合作，提高物流效率。公司还利用大数据和人工智能技术对物流数据进行分析和预测，实现智能补货和库存管理，进一步提升了供应链的运营效率。

5. 客户服务与售后保障

组建专业客服团队：公司组建了一支多语种、专业化的客户服务团队，团队成员具备丰富的美妆知识和良好的沟通能力。客服 24 小时在线，提供售前咨询、售中支持和售后服务。

完善的售后保障体系：公司建立了完善的售后保障体系，为客户提供产品退换货等服务。公司不仅在全球各地设立了售后服务网点，确保客户在遇到问题时能够得到及时解决，还定期对客户进行回访，收集客户的意见和建议，不断优化产品和服务，提升客户的忠诚度和品牌口碑。

5.3.4 成功案例

1. 市场份额与销售业绩增长

依托系统化运营策略和全球化市场布局，Uniwigs 品牌产品已畅销全球120 多个国家和地区，在欧美等主要市场占据了一定的市场份额。公司的销售业绩持续增长，年营业额逐年攀升，在假发美妆跨境电商领域取得了显著的成绩。

2. 品牌影响力提升

通过全球化品牌运营，Uniwigs 品牌在全球范围内的知名度和美誉度不断提升。在北美地区，品牌的社交媒体生态呈爆发式增长，全平台粉丝量超过100 万，品牌话题热度持续攀升。品牌先后与众多国际知名时尚媒体、美妆博主合作，进一步提升了品牌的影响力。品牌在本地化运营层面也取得了显著成效，如通过与本地沙龙和发型师的合作，让品牌更加贴近消费者，增强了其对品牌的认同感和忠诚度。

3. 客户满意度与忠诚度提高

青岛谷雅通过构建专业的客户服务体系和完善的售后保障体系，实现了客户满意度和忠诚度的双提升，形成了良好的口碑传播效应。客户满意度调查结果显示，消费者对 Uniwigs 平台的产品质量、服务态度和购物体验的满意度均达到了较高水平。

4. 行业示范与引领作用

作为中国（青岛）跨境电商综合试验区首批示范企业和山东省重点支持的跨境电商平台，谷雅公司在行业内发挥了重要的示范和引领作用。其创新的 C2M 大规模定制化生产模式、线上线下融合的运营模式，以及精准的品牌营销策略，为其他跨境电商企业提供了宝贵的经验。同时，公司积极参与行业标准的制定和行业交流活动，推动了整个假发美妆跨境电商行业的健康发展。

5.3.5　经验总结与未来展望

1. 经验总结

精准定位与品牌建设是核心：明确的品牌定位和持续的品牌建设是企业

在激烈的市场竞争中脱颖而出的关键。青岛谷雅通过精准把握市场需求和消费者心理，塑造了独特的品牌形象，通过不断提升品牌的知名度和美誉度，增强了品牌的市场竞争力。

产品创新与质量控制是根本：青岛谷雅注重产品研发创新，不断推出符合市场需求的新产品，同时严格把控产品质量，确保产品符合国际标准和消费者的期望，实现了企业的可持续发展。

渠道拓展与供应链优化是动力：青岛谷雅积极拓展海外线下销售渠道，通过与海外沙龙与发型师合作实现线上线下融合销售。同时，公司十分重视供应链管理，确保供应链的稳定和高效，为企业的发展提供了有力支撑。

客户服务与售后保障是基石：青岛谷雅建立了专业的客户服务体系和完善的售后保障体系，及时解决客户的问题和需求，实现了客户满意度和忠诚度的双提升。

数字化运营与创新营销是手段：青岛谷雅利用数字化技术，实现了平台的智能化运营和精准营销。大数据、人工智能等技术的应用使公司能够深入了解消费者需求，进而优化产品推荐和营销策略，提高营销效果和转化率。同时，公司还积极探索创新营销模式，拓展品牌传播渠道，提升品牌影响力。

2. 未来展望

技术创新与数字化转型：青岛谷雅将一如既往地重视技术研发，持续深化 AI、VR 等前沿技术的应用，提升平台的智能化水平；同时，在数字化转型层面，实现从柔性生产到智能仓储的全链路数字化运营，提高运营效率和决策科学性。

市场拓展与全球化布局：青岛谷雅在巩固欧美成熟市场的基础上，将进一步拓展新兴市场，如东南亚市场。

产品多元化与高端化发展：青岛谷雅将持续不断地拓展产品线，推出更多美妆品类产品，如化妆品、护肤品等，构建多元产品矩阵。同时，公司还将加大在高端产品研发方面的投入，提升产品的品质和附加值，打造高端美妆品牌，满足消费者对高品质美妆产品的需求。

绿色可持续发展：青岛谷雅始终关注环保和可持续发展，在产品研发、生产、包装等环节贯彻绿色环保理念。

青岛谷雅国际电子商务有限公司的 Uniwigs 跨境电商独立平台，通过创新的模式和卓越的运营，在假发美妆跨境电商领域取得了显著的成绩。未来，随着市场环境的不断变化和技术的不断进步，谷雅公司将继续秉承创新、发展的理念，不断提升自身的核心竞争力，为全球消费者提供更加优质的美妆产品和服务，在全球美妆市场中创造更加辉煌的业绩。

5.4　青岛凯莱诗化妆品有限公司：线上线下相结合的跨境品牌营销体系案例

在全球化妆品市场竞争白热化的形势下，青岛凯莱诗化妆品有限公司凭借线上线下相结合的跨境品牌营销体系，在国际市场崭露头角，为众多中国企业出海提供了宝贵的经验。

5.4.1　公司及其业务简介

青岛凯莱诗化妆品有限公司创立于 2011 年，公司始终专注于化妆品的研发、生产与销售，致力于为全球消费者提供高品质、安全有效的美容护肤解决方案，其产品以天然成分、先进技术和创新配方为核心卖点，在国内市场积累了一定的品牌知名度和稳定的客户群体。经过多年的稳健发展，公司已构建起涵盖护肤、彩妆、香氛等多个品类的丰富产品线，为进军国际市场奠定了坚实的基础。

5.4.2　跨境电商市场的机遇与挑战

1. 市场机遇

全球市场需求增长：在全球消费升级和颜值经济的双重驱动下，全球化妆品市场规模呈现出稳步扩张的态势。其中在东南亚、中东、非洲等新兴市场，消费者对化妆品的需求出现了爆发式增长。市场研究机构的数据显示，过去五年，全球化妆品市场规模以每年约 5% 的速度增长，预计到 2025 年将突破 8 000 亿美元大关。

跨境电商平台崛起：跨境电商平台的崛起打破了地域限制，将传统贸易的长链条转为厂家直达消费者的直接销售模式，极大地降低了企业进入国际市场的门槛。

消费观念转变：消费者的消费观念逐渐从追求价格低廉转向注重产品品质、安全性和个性化。

2. 面临的挑战

激烈的国际竞争：国际化妆品市场竞争异常激烈，欧莱雅、雅诗兰黛、资生堂等国际品牌凭借其强大的品牌影响力、丰富的产品线和成熟的营销渠道，占据了大量市场份额。同时，各种新的化妆品品牌如雨后春笋般不断涌现，进一步加剧了市场竞争的激烈程度。凯莱诗要从众多竞争对手中脱颖而出，困难重重。

复杂的产品认证和质量标准：不同国家和地区对于化妆品的产品认证和质量标准存在显著差异。如欧盟对化妆品的成分、标签标识等有着极为严格的规定；美国则对产品的安全性要求极高。企业需要投入大量的时间和人力成本，确保产品符合当地的法规及标准。

供应链管理难题：化妆品的供应链涉及原材料采购、生产加工、质量检测、仓储物流等多个环节，任何一个环节出现问题都可能影响产品的供应和质量。确保供应链的稳定和高效，及时满足市场需求，同时控制成本，是凯莱诗运营过程中面临的关键挑战。

消费者需求变化快：化妆品行业的消费者对于产品的款式、材质等方面的要求非常多元化。凯莱诗需要具备敏锐的市场洞察力和高效的产品研发能力，及时推出符合市场需求的新产品，否则将难以跟上市场的变化。

跨文化营销与客户服务挑战：面对不同文化背景的消费者，如何进行有效的跨文化营销，准确传达品牌理念和产品价值，是企业需要解决的重要问题。

5.4.3　线上线下结合的跨境品牌营销体系

1. 品牌定位与形象塑造

精准定位：凯莱诗的定位是"天然、科技、时尚"的中高端化妆品品牌。公司针对不同市场，推出了适合不同消费群体的产品。如针对东南亚消费者注重美白和保湿的需求，推出了一系列富含天然美白成分和保湿因子的护肤品；针对欧美消费者注重彩妆产品色彩丰富度和持久度的需求，研发了具有高显色度和长效持妆效果的彩妆产品。

形象塑造：公司聘请国际知名的品牌设计团队，打造了具有国际化风格的品牌标识、包装和宣传文案，以吸引目标消费者的关注。如在产品包装上展示研发团队与国际科研机构合作的成果，以及采用的先进生产工艺。

2. 线上营销渠道建设

跨境电商平台运营：公司在亚马逊、速卖通、Shopee 等主流跨境电商平台开设官方旗舰店，投入大量资源优化店铺页面设计，提高产品展示效果，制定精细化的运营策略，提高店铺的曝光率和转化率。

社交媒体营销：公司在 Facebook、Instagram、TikTok 等国际社交媒体平台上开通品牌官方账号，定期发布产品信息、使用教程、美妆知识等内容，吸引粉丝关注和互动。公司与 5 000 多位美妆博主合作，开展产品推广和品牌宣传活动，如邀请知名美妆博主在 TikTok 上进行产品试用直播，展示产品使用效果。通过与这些达人合作，品牌的曝光量和影响力得到了显著提升。

3. 线下营销渠道拓展

国际展会参展：公司积极参加国际知名化妆品展会，如每年一届的法国巴黎化妆品展、美国拉斯维加斯化妆品展等，展示公司最新的产品和技术，提升品牌的国际知名度和行业影响力，拓展销售渠道。凯莱诗通过参加国际展会，与超过 200 家国际买家和经销商建立了合作关系，成功拓展了多个海外市场。

海外专卖店与专柜建设：公司在目标市场的主要城市开设了品牌专卖店和专柜。专卖店和专柜提供专业的产品咨询和试用服务，让消费者更直观地感受产品的品质和效果。同时，公司还与当地的经销商合作，将产品铺入当地的美妆连锁店、百货公司等零售渠道，扩大产品的销售覆盖面。目前，凯莱诗已在欧洲、东南亚等地开设了 20 多家专卖店，产品在当地市场的知名度和销售额逐年提升。

线下活动营销：公司在海外市场积极举办线下促销活动，如新品发布会、会员沙龙等，吸引消费者参与。新品发布会邀请当地的美妆媒体参加，通过他们的传播，提高新品的知名度和关注度。会员沙龙则为会员提供专属的护肤咨询和产品试用服务，增强会员的忠诚度和品牌认同感。公司每年在海外市场举办的线下活动超过 50 场，参与人次累计超过 10 万人。

4. 线上线下融合策略

线上线下同价策略：为避免线上线下价格冲突，凯莱诗实施线上线下同价策略，确保消费者无论在线上还是线下购买产品，都能享受到相同的价格。同时，通过线上线下促销活动的相互配合，如线上发放的优惠券，可到线下门店使用，吸引消费者到店消费；线下门店举办促销活动，引导消费者关注线上平台，实现线上线下流量的相互转化。

线上线下服务一体化：公司建立了统一的客户服务体系，线上线下客服人员实时沟通，共享客户信息。消费者在线上咨询的问题，线下客服人员也能及时了解并提供解决方案；消费者在线下购买产品，也能享受线上的售后服务。如消费者在线下门店购买产品后，可通过线上平台查询产品的使用方法、保质期等信息，还能享受线上的会员权益。这种服务一体化的模式，提高了客户服务的效率和质量，增强了客户对品牌的信任度和好感。

线上线下库存共享：公司利用信息化管理系统，实现了线上线下库存的实时共享。当线上订单产生时，系统优先查询附近线下门店的库存，如有库存则安排线下门店发货，缩短配送时间；线下门店库存不足时，可从线上仓库调配，确保产品的及时供应。库存共享提高了库存管理的效率，降低了库存成本，同时也提高了订单的处理速度和客户满意度。

5.4.4　实施过程与关键举措

1. 市场调研与目标市场选择

在进入国际市场之前，凯莱诗投入大量资金和人力进行了全面的市场调研，分析了全球化妆品市场的发展趋势、竞争格局、消费者需求等，确定了以东南亚、中东、欧洲为主要目标市场，并针对每个目标市场的特点制定了相应的市场进入策略和营销计划。如针对东南亚市场，制定了主打以天然成分为特色的美白保湿产品的营销策略；针对欧洲市场，强调产品的环保和可持续发展理念。

2. 团队组建与人才培养

为保障跨境品牌营销体系的有效实施，凯莱诗组建了一支专业的国际团队，成员包括跨境电商运营、市场营销、品牌策划、客户服务、物流供应链等方面的人才。同时，公司十分重视人才培养，定期组织员工参加跨境电商培训、国际市场营销培训等，提升员工的专业素质和国际化视野。公司每年用于员工培训的费用超过 100 万元，员工的专业技能和综合素质因此得到了显著提升。

3. 供应链优化与物流配送

公司建立了完善的供应链管理体系，与优质的原材料供应商和生产厂家建立了长期合作关系，确保产品的质量和供应链稳定性。同时，公司还与多家国际知名物流企业合作，通过建设海外仓、专线物流等方式，提高物流配送效率。目前，凯莱诗已在全球多个主要市场建立了 10 个海外仓，产品的平均配送时间缩短了 30%，物流成本降低了 20%。

4. 数据分析与营销策略调整

利用大数据分析工具，公司的专业团队每天对线上线下的销售数据、客户行为数据、市场反馈数据等进行分析，了解消费者的需求和偏好，评估营销策略的效果，及时调整营销策略。通过数据分析，凯莱诗能够更加精准地把握市场动态，制定更加有效的营销策略，提高营销效果。

5.4.5 成功案例

1. 市场份额与销售业绩增长

通过建设线上线下相结合的跨境品牌营销体系，凯莱诗在国际市场上的市场份额不断扩大，产品畅销全球 30 多个国家和地区，在东南亚、中东等目标市场取得了显著的销售业绩。公司的年营业额从 2015 年的 5 000 万元增长到 2024 年的 3 亿元，在跨境化妆品市场中占据了一席之地。

2. 品牌影响力提升

凯莱诗的品牌知名度和美誉度在国际市场上得到了显著提升。在目标市场的社交媒体平台上，品牌官方账号的粉丝数量超过了 500 万，品牌话题热度持续攀升。同时，品牌在国际化妆品行业的影响力也不断增强，多次获得国际化妆品行业奖项和荣誉。

3. 客户满意度与忠诚度提高

通过优质的产品和完善的服务，凯莱诗赢得了消费者的认可和信赖。客户满意度调查结果显示，客户对产品的质量、效果和服务的满意度达到了 90% 以上。客户的重复购买率和推荐率不断上升，形成了良好的口碑传播效应，品牌忠诚度得到了有效提升。

4. 行业示范与引领作用

作为中国（青岛）跨境电商综合试验区的示范企业，凯莱诗的成功为国内化妆品企业开展跨境品牌营销提供了示范。其创新的线上线下相结合的营销模式、精准的品牌定位和国际化的运营管理经验，受到同行的广泛关注。同时，凯莱诗积极参与行业标准的制定和行业交流活动，推动整个跨境化妆品行业的健康发展。

5.4.6　经验总结与未来展望

1. 经验总结

精准定位是基础：准确的品牌定位和市场细分是跨境品牌营销成功的基础。只有深入了解目标市场和消费者需求，才能制定出针对性的营销策略，满足消费者的需求，提升品牌竞争力。

线上线下融合是关键：在互联网时代，线上线下融合是跨境品牌营销的必然趋势。通过线上线下渠道的协同发展，实现资源共享、优势互补，能够提高品牌的市场覆盖率和营销效果。

品牌建设是核心：品牌是企业的核心竞争力，持续的品牌建设是提升品牌影响力的关键。通过塑造独特的品牌形象、提供优质的产品和服务，加强与消费者的互动，凯莱诗的品牌美誉度得到了巨大提升。

数据分析是支撑：大数据分析技术在跨境品牌营销中发挥着重要作用。大数据分析技术能够帮助企业及时了解市场动态、消费者需求和营销策略的效果，为企业的决策提供科学依据，帮助及时调整营销策略，提高营销效率。

人才培养是保障：跨境品牌营销需要具备国际化视野和专业技能的人才。加强人才培养和团队建设，打造高素质的国际化团队，是企业实现跨境品牌营销目标的重要保障。

2. 未来展望

技术创新与产品升级：公司将持续加大研发投入，引入先进的技术和原料，不断推出新产品，提升产品的品质和功效。如开发个性化的护肤方案；采用新型的包装材料，提高产品的环保性能。公司计划在未来三年内，每年推出至少 5 款新产品，满足消费者不断变化的需求。

市场拓展与全球化布局：公司将在巩固现有市场份额的基础上，进一步拓展新兴市场，如非洲、南美洲等地区；同时，加强与国际知名企业的合作，开展跨境并购、战略合作等，提升企业的国际竞争力和市场影响力，实现品牌的全球化布局。公司预计在未来五年内将产品销售到全球 50 个以上的国家和地区。

数字化转型与智能化营销：公司将加快数字化转型步伐，利用人工智能、大数据、区块链等技术，提升企业的运营管理效率和营销效果。

绿色可持续发展：公司始终关注环保和可持续发展，在产品研发、生产、包装等环节贯彻绿色理念。如采用环保材料，减少产品对环境的影响；推广可持续发展的生产模式，实现资源的循环利用。

青岛凯莱诗化妆品有限公司通过构建线上线下相结合的跨境品牌营销体系，在国际市场上取得了显著的成绩。未来，凯莱诗将不断提升自身的核心竞争力，为全球消费者提供更加优质的化妆品和服务，在全球化妆品市场中创造更加辉煌的业绩。

5.5　青岛赛迈德电器有限公司：家电领域差异化营销、扩大品牌影响力案例

在竞争激烈的跨境家电电商市场，众多企业都在寻求突破和发展的机会。青岛赛迈德电器有限公司凭借独特的差异化营销策略，成功扩大了品牌影响力，在国际市场上占据了一席之地，成为行业典范。

5.5.1　公司及其业务简介

青岛赛迈德电器有限公司创立于 2006 年，自成立以来，始终专注于家电

领域的发展。公司经营范围广泛，涵盖生产、加工及销售电器、电子产品与配件、机械设备及配件、五金工具等。

公司出口商品丰富多样，包括冰箱、冷柜、洗衣机、微波炉、洗碗机、酒柜、热泵等。通过构建多元化的销售渠道，如 B2B 业务依托阿里巴巴、中国制造网等平台，B2C 业务借助 Amazon、Ebay、Walmart、Otto、Cd、Temu、Shein 以及品牌官网，产品远销北美、欧洲、东南亚许多国家和地区。为了提升客户体验，缩短配送时间，公司在美国、加拿大、英国、德国、澳大利亚、阿联酋、日本等国家和地区建设了海外仓。同时，公司与美的、海信、格兰仕、星星等头部家电制造企业建立了紧密的合作关系，确保产品的品质和供应稳定性。

5.5.2　跨境电商市场的机遇与挑战

1. 市场机遇

全球家电市场需求增长：随着全球经济的发展和人们生活水平的提高，家电市场规模持续扩大。新兴市场城市化进程加快，居民对家电的需求不断提升，为家电企业提供了广阔的市场空间。

跨境电商平台兴起：互联网技术的飞速发展，催生了众多跨境电商平台，这些平台打破了地域限制，降低了企业进入国际市场的门槛，使得赛迈德能够直接触达全球消费者。

全球消费升级：全球消费者对家电产品的需求不再局限于基本功能，而是更加注重产品的品质、智能化、个性化和节能环保等特性。

2. 面临的挑战

激烈的市场竞争：家电行业的竞争异常激烈，国际知名品牌如三星、LG、松下等占据了大量市场份额，众多新兴品牌不断涌现。在跨境电商领域，各企业纷纷加大投入，争夺市场份额，赛迈德面临着巨大的竞争压力。

消费者需求多样化：不同国家和地区的消费者在生活习惯、消费偏好等方面存在差异，对家电的功能、外观、价格等需求各不相同。如何准确把握不同市场的需求，开发出符合当地消费者需求的产品，是赛迈德面临的一大挑战。

国际贸易政策不确定性：国际贸易形势复杂多变，贸易保护主义抬头，关税调整、贸易壁垒等事件给跨境电商企业扩张海外市场增加了不确定性。赛迈德需要密切关注国际贸易政策动态，及时调整业务策略，以应对政策风险。

品牌建设难度大：在国际市场上，树立品牌形象并非易事，需要长期的投入和积累。赛迈德作为中国品牌，需要克服文化差异、消费者认知度低等问题，需通过有效的品牌推广和营销活动，提升品牌知名度和美誉度。

5.5.3　差异化营销策略

1. 产品差异化

精准定位目标市场：赛迈德深入研究不同国家和地区的市场需求，针对当地消费者的生活习惯、消费偏好和使用场景，开发差异化产品。如针对东南亚地区炎热潮湿的气候特点，公司研发出了具有高效除湿功能的空调和冰箱；针对欧洲市场对节能环保的高要求，公司推出了节能等级高的家电产品。

注重产品创新与研发：公司不断加大研发投入，与国内外科研机构合作，引入先进技术，提升产品的智能化水平和功能特性。如推出具有智能互联功能的家电产品，消费者可以通过手机 App 远程控制家电，实现智能化生活；研发具有自清洁功能的洗衣机和空调，减少用户的清洁负担。

2. 渠道差异化

多元化渠道布局：除了传统的跨境电商平台，赛迈德积极拓展新兴渠道。公司与当地的电商平台、零售商合作，将产品铺设到更多的销售终端。如在欧洲赛迈德与当地知名的家电零售商合作，开设线下体验店，让消费者能够亲身体验产品的性能，同时通过线上平台进行销售，实现线上线下融合发展。

优化渠道运营策略：针对不同的销售渠道，公司制定了差异化的运营策略。在 B2B 平台上，公司注重与大客户的合作，提供定制化解决方案，满足企业客户的批量采购需求；在 B2C 平台上，公司加强店铺运营和营销推广，优化产品页面展示，提高产品的曝光率和转化率。

3. 价格差异化

分层定价策略：根据产品的功能、品质和市场定位，公司采用分层定价策略以满足不同消费群体的需求。针对高端产品，强调产品的品质和创新功能，制定相对较高的价格，满足追求高品质生活的消费者需求；针对中低端产品，注重性价比，以价格优势吸引价格敏感型消费者。

动态价格调整：公司密切关注市场动态和竞争对手的价格变化，及时调整产品价格。如在促销活动期间，推出限时折扣、满减优惠等活动，吸引消费者购买；在市场需求旺盛时，适当提高价格，获取更高的利润。

4. 营销推广差异化

社交媒体营销：公司十分重视利用 Facebook、Instagram、TikTok 等社交媒体平台进行品牌推广和产品宣传，定期发布产品使用教程、生活小贴士、用户案例等内容，吸引用户关注。公司还尝试与家电领域的达人合作，邀请他们试用产品并进行推荐，借助他们的影响力扩大品牌知名度。

内容营销：公司创建了品牌官方博客和视频频道，定期发布与家电相关的专业知识、行业动态、装修搭配建议等内容，吸引潜在客户。通过搜索引擎优化技术，提高品牌在搜索引擎上的排名，增加自然流量。如撰写《如何选择适合自己的冰箱》《家电保养小技巧》等文章，为消费者提供有价值的信息，同时巧妙植入品牌和产品信息。

线上线下活动营销：线上，公司积极参与各大电商平台的购物节活动，如亚马逊的 Prime Day、阿里巴巴的"双十一"等，推出专属优惠和促销活动，吸引消费者购买。线下，公司积极参加国际家电展会，展示公司的最新产品和技术，与全球客户进行面对面的交流和沟通。

5.5.4　品牌影响力提升成果

1. 销售业绩增长显著

通过实施差异化营销策略，赛迈德的销售业绩实现了快速增长。2022—2024 年，品牌销售额年复合增长率超 50%，市场竞争力逐步增强。产品在多个国家和地区的市场份额不断扩大，受到了消费者的广泛认可和欢迎。

2. 品牌知名度大幅提升

赛迈德品牌在境外社交媒体平台上的粉丝数持续攀升，谷歌搜索量也不断增加。品牌在国际市场上的知名度和美誉度得到了显著提升，越来越多的消费者在购买家电时会关注赛迈德品牌。

3. 客户满意度和忠诚度提高

公司注重产品品质和售后服务，通过提供优质的产品和及时的售后支持，赢得了客户的信任和好评。客户满意度调查结果显示，客户对赛迈德产品的质量、性能和服务的满意度较高。

5.5.5 经验总结与未来展望

1. 经验总结

深入了解市场需求是关键：进行深入的市场调研，准确把握不同市场的需求特点和变化趋势，是制定差异化营销策略的基础。只有满足消费者的需求，才能在市场竞争中脱颖而出。

持续创新是动力：在产品研发、渠道拓展、营销推广等方面持续创新，不断推出新的产品、新的模式和新的活动，才能够吸引消费者的关注，提升品牌的竞争力。

多元化渠道布局是保障：多元化的渠道布局，实现线上线下融合发展，能够扩大产品的销售范围，提高品牌的市场覆盖率。同时，针对不同渠道制定差异化的运营策略，能够提高渠道运营效率。

品牌建设是长期工程：品牌建设需要长期的投入和积累，有效的品牌推广和营销活动，能够不断提升品牌知名度和美誉度，增强消费者对品牌的认知和信任。

2. 未来展望

持续创新产品与服务：公司将继续加大研发投入，推出更多创新性和差异化的产品，满足消费者不断变化的需求；同时，公司将进一步优化售后服务体系，提供更加便捷、高效的服务，提高客户满意度。

拓展新兴市场：公司将在巩固现有市场份额的基础上，积极拓展新兴市场，如非洲、南美洲等地区，深入了解当地市场需求和文化特点，制定针对性的市场策略，实现品牌的全球化布局。

加强品牌建设与推广：公司将持续加强品牌建设，提升品牌形象和品牌价值。通过与国际知名品牌合作、参与公益活动等方式，进一步扩大品牌影响力，提高品牌在国际市场上的地位。

数字化转型与智能化升级：公司将加快数字化转型步伐，利用大数据、人工智能等技术，优化企业运营管理，提高营销效果。同时，推动家电产品的智能化升级，提升产品的附加值和竞争力。

青岛赛迈德电器有限公司通过差异化营销成功扩大了品牌影响力，为其他企业提供了宝贵的经验。在未来的发展中，赛迈德将继续秉承创新、发展的理念，不断提升自身的核心竞争力，在全球家电市场中创造更加辉煌的业绩。

5.6 青岛莱斯玛特纺织有限公司：坚持自主设计、自主打版生产，将中国服装、中国工艺品质推广到国际市场案例

在全球服装市场竞争日益激烈的当下，众多服装企业都在探寻走向国际市场的有效路径。青岛莱斯玛特纺织有限公司凭借其独特的发展模式，成功地将中国服装以及中国工艺品质推广至国际市场，在跨境电商服装领域脱颖而出，成为行业典范。

5.6.1 公司及其业务简介

青岛莱斯玛特纺织有限公司成立于 2004 年，自成立以来，公司始终秉持着对服装行业的热爱与专注，致力于打造具有中国特色的高品质服装品牌。经过多年的发展，公司逐步形成了集设计、打版、生产、销售于一体的完整产业链。

目前，公司主营 Lesmart、Hardland 两大品牌，产品涵盖高尔夫、户外男装女装，以及滑雪服饰等功能性服装。这些服装不仅在款式设计上紧跟国际时尚潮流，更在工艺品质上严格把关，采用优质的面料和精湛的制作工艺，确保每一件产品都能满足消费者对高品质服装的需求。通过传统外贸与亚马逊等跨境平台以及独立站同步发展的模式，公司成功构建起品牌矩阵，业务范围覆盖欧美、日韩、俄罗斯等多个国家和地区，拥有了一批忠实的海外用户。

5.6.2　跨境电商服装行业背景

1. 市场机遇

全球市场需求增长：在户外运动、休闲度假等领域，消费者对功能性服装的需求呈现出快速增长的趋势。如在欧美国家，高尔夫和滑雪运动非常普及，人们对相关运动服装的需求持续增长，这为莱斯玛特这类专注于功能性服装的企业提供了广阔的市场空间。

跨境电商平台兴起：互联网技术的飞速发展，使得跨境电商平台如亚马逊、速卖通等迅速崛起。这些平台打破了地域限制，降低了企业进入国际市场的门槛，为服装企业提供了直接面向全球消费者的销售渠道。通过跨境电商平台，莱斯玛特能够将产品展示给全球各地的消费者，极大地拓展了市场空间。

中国服装产业的优势：中国作为全球最大的服装生产国和出口国，拥有完整的服装产业链和丰富的生产制造经验，在面料供应、服装设计、生产加工等方面都具备显著优势。莱斯玛特充分利用中国服装产业的优势，打造具有竞争力的产品。

2. 面临的挑战

激烈的市场竞争：国际服装市场竞争异常激烈，众多国际知名品牌（如耐克、阿迪达斯等）凭借强大的品牌影响力、广泛的销售渠道和先进的设计理念，占据了大量市场份额；来自不同国家和地区的新兴品牌不断涌现，市场竞争压力巨大。莱斯玛特需要从众多竞争对手中突出重围，树立自己的品牌形象。

文化差异与时尚潮流差异：不同国家和地区的文化背景、审美观念和时尚潮流存在很大差异。如欧美消费者比较注重服装的简约时尚和功能性，而日韩消费者则更关注质感细节与场景化搭配。如何准确把握不同市场的时尚趋势和消费者需求，设计出符合当地市场的服装产品，是莱斯玛特面临的一大挑战。

质量与环保标准差异：各个国家和地区对于服装的质量标准和环保要求各不相同。一些发达国家对服装的面料成分、色牢度等质量指标有着严格的检测标准，同时对环保要求也越来越高，如对可持续面料的使用、生产过程中的碳排放等方面都有明确规定。莱斯玛特需投入大量的时间和人力成本，确保产品符合不同市场的标准要求。

跨境电商运营与物流难题：跨境电商运营涉及多个环节，如平台运营、营销推广、客户服务等，需要相关人员具备专业的知识和技能。同时，跨境物流也存在运输时间长、物流成本高、清关手续复杂等问题，这些都可能影响产品的交付时间和客户满意度。

5.6.3　坚持自主设计与自主打版生产

1. 自主设计理念与实践

组建专业设计团队：莱斯玛特高度重视产品设计，组建了一支由资深设计师组成的专业设计团队。公司的设计师不仅具备扎实的服装设计专业知识，还对国际时尚潮流有着敏锐的洞察力。他们定期参加国际时装周、行业展会等活动，了解最新的时尚趋势和设计理念，并将之融入产品设计中。

融合中国元素：在设计过程中，设计师们注重将中国传统文化元素与国际时尚潮流结合。如在服装的图案设计上，融入中国传统的刺绣、剪纸、水墨画等元素，使服装既具有中国特色，又符合国际时尚潮流。同时，公司还会根据不同市场的需求对设计进行针对性调整，确保产品能够被当地消费者接受。

满足个性化需求：随着消费者对个性化服装的需求不断增加，莱斯玛特推出了个性化定制服务。消费者可以根据自己的喜好，选择服装的款式、面料、颜色、图案等，公司的设计团队将根据消费者的需求进行定制设计，满足消费者的个性化需求。

2. 自主打版生产优势

精准的版型控制：自主打版生产能够确保公司对服装版型进行精准控制。打版师根据设计师的设计图纸，结合人体工程学原理，制作出符合人体曲线、穿着舒适的版型。打版师还会对版型进行调整和优化，确保版型的准确性和舒适性。如对于高尔夫服装，打版师会根据高尔夫运动的特点，设计出更加宽松、舒适的版型，方便穿着者做出挥杆等动作。

严格的质量把控：在自主打版生产过程中，公司建立了严格的质量控制体系。从面料采购、裁剪、缝制到成品检验，每一个环节都有严格的质量标准和检验流程。质检师会对每一件服装都进行细致的检查，确保产品质量符合标准要求。

快速响应市场需求：自主打版生产使得公司能够快速响应市场需求。当市场上出现新的时尚潮流或消费者需求发生变化时，公司可以迅速调整设计和生产计划，推出符合市场需求的新产品。相比外包生产，自主打版生产能够大大缩短产品的生产周期，提高市场竞争力。

5.6.4　品牌建设与市场拓展

1. 品牌建设

品牌定位：莱斯玛特将品牌定位为高品质、时尚、功能性的服装品牌；以提供优质的产品和服务为核心，满足消费者对高品质生活的追求；同时，公司特别强调品牌的中国特色和文化内涵，树立独特的品牌形象。

品牌形象塑造：公司通过统一的品牌标识、包装设计和宣传推广，塑造了鲜明的品牌形象。品牌标识简洁大方，体现了品牌的时尚和品质感。在产品包装上，公司采用环保材料，注重包装的设计感和实用性。同时，公司通过参加国际展会、发布品牌宣传视频、与时尚博主合作等方式，进行品牌宣传推广，提高品牌的知名度和美誉度。

品牌口碑建设：公司注重产品质量和客户服务，通过提供优质的产品和良好的购物体验，赢得了消费者的信任和好评。公司建立了完善的售后服务体系，及时处理消费者的投诉和建议，不断改进产品和服务，通过消费者的口碑传播，提升品牌的影响力和消费者的忠诚度。

2. 市场拓展

传统外贸与跨境电商结合：在市场拓展初期，莱斯玛特通过传统外贸方式与国外的经销商、批发商建立合作关系，将产品销售到国际市场。随着跨境电商的发展，公司积极布局跨境电商领域，在亚马逊、速卖通等平台开设官方店铺，直接面向全球消费者销售产品；同时，公司还建立了独立站来加强品牌宣传推广。

多渠道营销推广：在跨境电商平台上，公司通过优化产品标题、关键词、描述等，提高产品的搜索排名；利用平台的广告投放工具，进行精准的广告投放，提高产品的曝光率和点击率；同时，开展促销活动，如打折、满减、买赠等，吸引消费者购买。在社交媒体平台（如 Facebook、Instagram 等）上，公司通过开设品牌官方账号，发布产品信息、时尚搭配、用户评价等内容，吸引粉丝关注；与时尚博主、达人合作，邀请他们试穿和推荐产品，借助他们的影响力扩大品牌知名度。

本地化运营策略：为了更好地适应不同市场的需求，莱斯玛特实施本地化运营策略：在目标市场设立本地仓库，缩短产品的配送时间，提高客户满意度；招聘本地员工负责市场推广、客户服务等工作；同时，根据当地的文化习俗和消费习惯，调整产品设计和营销策略。

5.6.5　成功案例

1. 市场份额与销售业绩增长

经过多年的努力，莱斯玛特在国际市场上的市场份额不断扩大。在欧美、日韩、俄罗斯等市场，公司的产品受到了消费者的广泛认可和喜爱。自成立以来公司的年销售额以每年 30% 的速度增长，在跨境电商服装领域占据了一席之地。

2. 品牌影响力提升

莱斯玛特的品牌知名度和美誉度在国际市场上得到了显著提升。公司多次参加国际知名的服装展会，展示公司的最新产品和设计理念。在社交媒体平台上，品牌官方账号的粉丝数量不断增加，品牌话题热度持续攀升，越来越多的消费者在购买服装时，会关注莱斯玛特品牌。

3. 客户满意度与忠诚度提高

通过提供优质的产品和完善的服务，莱斯玛特赢得了消费者的高度认可和信赖。客户满意度调查结果显示，客户对公司产品的质量、设计、舒适度等方面的满意度达到了 90% 以上。

4. 行业示范与引领作用

作为青岛跨境电商领域的优秀企业，莱斯玛特的成功为其他服装企业提供了宝贵的经验。其坚持自主设计、自主打版生产的发展模式，以及品牌建设和市场拓展的策略，受到业内广泛关注。同时，公司积极参与行业标准的制定和行业交流活动，推动了整个跨境电商服装行业的健康发展。

5.6.6 经验总结与未来展望

1. 经验总结

坚持自主创新是核心竞争力：自主设计和自主打版生产是莱斯玛特在激烈的市场竞争中脱颖而出的关键。公司通过不断创新设计理念，将中国元素与国际时尚融合，打造出了具有独特竞争力的产品。同时，精准的版型控制和严格的质量把控，确保了产品的品质，赢得了消费者的信任。

品牌建设是长期工程：品牌建设需要长期投入和不断积累。通过明确的品牌定位、形象塑造和口碑建设，品牌的知名度和美誉度不断提升。公司注重产品质量和客户服务，以优质的产品和良好的购物体验，树立品牌形象，提高品牌忠诚度。

多渠道市场拓展是关键：传统外贸与跨境电商相结合，多渠道营销推广，能够扩大产品的销售范围，提高品牌的市场覆盖率。同时，本地化运营策略使产品能更好地适应不同市场的需求，提高市场竞争力。

团队建设是保障：专业的设计团队、打版团队、运营团队和客服团队是公司发展的重要保障。不断培养和引进优秀人才，提高团队的专业素质和创新能力，为公司的发展提供了有力支持。

2. 未来展望

持续创新设计与产品升级：公司将加大在设计研发方面的投入，不断推出新的设计理念和产品款式；关注国际时尚潮流和消费者需求变化，及时调整产品设计，满足市场需求；同时，不断提升产品品质，采用更先进的生产工艺和环保面料，打造更具竞争力的产品。

深化市场拓展与全球化布局：公司将在巩固现有市场份额的基础上，进一步拓展新兴市场，如东南亚、非洲等地区；加强与国际知名品牌的合作，开展跨境并购、战略合作等，提升公司的国际竞争力和市场影响力；实现品牌的全球化布局，让中国服装和中国工艺走向世界。

数字化转型与智能化运营：公司将加快数字化转型步伐，利用大数据、人工智能等技术，优化公司的运营管理；通过数据分析，了解消费者需求和市场趋势，精准定位目标客户，制定更有效的营销策略；同时，实现生产过程的智能化，提高生产效率和产品质量。

绿色可持续发展：公司将积极践行绿色可持续发展理念，在产品设计、生产、包装等环节，注重环保和资源节约；推广使用可持续面料，减少生产过程中的碳排放，实现企业的可持续发展。

青岛莱斯玛特通过坚持自主设计、自主打版生产，成功地将中国服装和工艺推向国际市场，为中国服装企业的跨境电商发展提供了有益的借鉴。在未来的发展中，莱斯玛特将继续秉承创新、发展的理念，不断提升自身的核心竞争力，在全球服装市场中创造更加辉煌的业绩。

第二部分

青岛市跨境电商人才需求战略

第6章　行业发展概况

6.1　行业发展现状

6.1.1　交易规模持续增长

近年来，青岛市跨境电商行业展现出蓬勃发展的态势，交易规模持续扩大，在区域经济发展和国际贸易格局中扮演着至关重要的角色。青岛市商务局统计数据显示，2020—2024 年，青岛市跨境电商进出口总额实现跨越式增长，从 2020 年的 150 亿元跃升至 2024 年的 450 亿元，年复合增长率高达 31.61%（见表 6-1）。

表 6-1　2020—2024 年青岛市跨境电商进出口情况表

年份	青岛市跨境电商进出口总额（亿元）	同比增长率	全国跨境电商行业平均增长率	青岛市传统外贸增长率
2020 年	150	—	20.4%	5.6%
2021 年	200	33.33%	22.3%	8.1%
2022 年	260	30.00%	21.5%	6.9%
2023 年	330	26.92%	19.8%	5.2%
2024 年	450	36.36%	23.1%	7.0%

6.1.1.1　总体规模增长态势分析

2020—2024 年，青岛市跨境电商进出口总额呈现逐年递增态势。2021 年同比增长 50 亿元，增长率达 33.33%；2022 年同比增长 60 亿元，增长率为 30.00%；2023 年同比增长 70 亿元，增长率为 26.92%；2024 年增长幅度最大，达到 120 亿元，增长率为 36.36%。青岛市跨境电商进出口增长率不仅远超青岛市传统外贸增长率，也高于全国跨境电商行业平均增长率，这充分展现出青岛市跨境电商行业在全国跨境电商领域的蓬勃活力与强劲竞争力。

2020 年，全国跨境电商行业平均增长率为 20.4%，青岛市传统外贸增长率为 5.6%，而青岛市跨境电商才刚刚起步。到 2024 年，全国跨境电商行业平均增长率为 23.1%，青岛市传统外贸增长率为 7.0%，而青岛市跨境电商进出口总额的同比增长率已高达 36.36%，进一步拉大了与两者的差距。这表明青岛市跨境电商行业在发展速度上具有显著优势，已成为拉动青岛市外贸增长的关键力量。

为深入探究青岛市跨境电商行业的增长动力与潜力，我们对青岛创想网络科技有限公司进行了深度调研。该公司成立于 2016 年，自创立以来，始终专注于 3C 产品的跨境电商业务。2020 年，公司跨境电商年销售额仅为 500 万元，在激烈的市场竞争中处于劣势。随着青岛市跨境电商行业的蓬勃发展，公司借助政策优势，积极调整发展战略，实现了飞速增长。

在产品端，公司深知产品创新是立足市场的根本，不断加大研发投入，并与专业研发团队紧密合作。针对海外市场的多样化需求，公司深入研究不同国家和地区消费者的消费习惯、审美偏好，以及当地的技术标准，不断优化产品功能与设计。近年来，公司陆续推出一系列具有创新性和高性价比的智能穿戴设备、小型智能家居产品，如具备健康监测功能的智能手环、支持语音控制的智能插座等，这些产品凭借独特的功能和出色的品质，迅速赢得了海外消费者的青睐。

在市场拓展方面，公司组建了专业的海外市场运营团队。团队成员深入研究不同国家和地区的市场特点及政策法规，通过精准的市场定位，确定重点目标市场。为打开目标市场的大门，公司积极参加国际电子产品展会，如德国柏林国际电子消费品展览会（IFA）、美国国际消费电子展（CES）等，在展会上展示公司的创新产品，与海外客户进行面对面的沟通与交流，拓展业务渠道。同时，公司与亚马逊、速卖通等知名电商平台建立深度合作关系，借助平台的流量优势和自身的品牌影响力，不断提升产品的曝光度和销量。

在平台运营上，公司高度重视产品在跨境电商平台上的推广，投入大量资源优化店铺装修；通过精心设计产品图片、撰写吸引人的营销文案，提高产品的吸引力和可信度；运用搜索引擎优化（SEO）技术，优化产品关键词，提高产品搜索排名，增加店铺流量；另外，公司高度重视客户服务质量，建立了专业的客服团队，及时响应客户咨询和投诉，解决客户问题，提高客户满意度和忠诚度。

通过一系列举措，公司业务实现了飞速发展，到 2024 年，公司的跨境电商年销售额已飙升至 2 000 万元，年复合增长率高达 41.42%，远超行业平均水平。这一案例生动地展示了青岛市跨境电商行业的巨大发展潜力以及企业在其中获得的显著成长。

6.1.1.2　青岛市在全国跨境电商城市排名中的变化

在全国跨境电商城市竞争中，青岛市凭借持续增长的交易规模，排名稳步上升。2020 年，青岛市在全国跨境电商城市排名中位列第 15 位，处于行业中上游水平；2021 年，随着跨境电商进出口总额的显著增长，青岛市的排名成功上升至第 13 位，在全国跨境电商领域的影响力开始逐步扩大；2022 年，青岛市的排名进一步提升至第 11 位，表明青岛在跨境电商发展上持续发力、成效显著；2023 年，凭借在跨境电商业务模式创新、品牌建设等方面的突出表现，青岛市的排名进入前十（排名第 9 位），成为全国跨境电商行业的重要力量；到 2024 年，青岛市已跃居全国跨境电商城市排名第 7 位，实现跨越式发展，在全国跨境电商行业中的地位愈发重要（见表 6-2）。

表 6-2　2020—2024 年青岛市在全国跨境电商城市中的排名变化

年份	青岛市在全国跨境电商城市排名
2020 年	15
2021 年	13
2022 年	11
2023 年	9
2024 年	7

这一排名的变化，直观地反映出青岛市跨境电商行业在全国的影响力逐渐扩大。排名的提升不仅是对青岛市跨境电商行业发展成果的肯定，也为青岛市带来了更多的发展机遇。一方面，更高的排名吸引了更多国内外企业的关注，促进了企业之间的合作与交流，有助于青岛市跨境电商企业拓展业务范围、提升市场份额；另一方面，排名的提升也为青岛市争取到更多的政策支持和资源倾斜，有利于优化行业发展环境，进一步推动青岛市跨境电商行业的发展。这表明青岛市已成为推动中国跨境电商发展的重要力量之一，在全国跨境电商行业发展格局中扮演着越来越重要的角色。

6.1.1.3　不同业务模式的发展情况

1. B2B（企业对企业）跨境电商

青岛市跨境电商交易规模的增长，在不同业务模式上均有显著体现。在 B2B 跨境电商领域，交易规模持续扩大。2024 年，青岛市 B2B 跨境电商交易规模达到 300 亿元，占跨境电商进出口总额的 66.67%，成为跨境电商行业的重要支柱（见表 6-3）。

表 6-3　2020—2024 年青岛市 B2B 跨境电商交易规模及其占比情况

年份	B2B 跨境电商交易规模（亿元）	占跨境电商进出口总额的比例
2020 年	80	53.33%
2021 年	110	55.00%
2022 年	150	57.69%
2023 年	200	60.61%
2024 年	300	66.67%

以青岛海通机械集团有限公司为例，该公司主要生产工业机械设备。在跨境电商发展的浪潮中，公司积极转型，通过与阿里巴巴国际站等 B2B 跨境电商平台合作，将产品出口到全球多个国家和地区。2020 年，公司 B2B 跨境电商销售额为 800 万元；随着市场的拓展和业务的不断优化，到 2024 年，公司 B2B 跨境电商销售额已增长至 2 500 万元，年复合增长率达到 32.87%。随着全球制造业的复苏和数字化转型的推进，工业企业对先进机械设备的需求不断增加，B2B 跨境电商业务凭借其批量交易、合作稳定的特点，有望继续保持增长态势。企业通过跨境电商平台，可以直接与海外客户进行沟通与合作，减少中间环节，降低交易成本，提高利润空间。数字化营销手段的应用，也有助于企业更精准地定位目标客户，拓展市场份额。

2. B2C（企业对消费者）跨境电商

B2C 跨境电商在青岛市也呈现出快速发展的趋势。2024 年，青岛市 B2C 跨境电商交易规模达到 150 亿元（见表 6-4）。

表 6-4　2020—2024 年青岛市 B2C 跨境电商交易规模及其占比情况

年份	B2C 跨境电商交易规模（亿元）	占跨境电商进出口总额的比例
2020 年	70	46.67%

（续表）

年份	B2C 跨境电商交易规模（亿元）	占跨境电商进出口总额的比例
2021 年	90	45.00%
2022 年	110	42.31%
2023 年	130	39.39%
2024 年	150	33.33%

青岛群泽玩具有限公司专注于儿童玩具的跨境电商销售，通过亚马逊等 B2C 跨境电商平台，将极具创意和富有教育意义的玩具产品直接销售给海外消费者。2020 年公司 B2C 跨境电商销售额为 200 万元，到 2024 年增长至 800 万元，年复合增长率为 41.42%。随着国际消费市场对产品的个性化、多元化需求不断增加，消费者更加注重产品的品质、设计和个性化。B2C 跨境电商模式能够更好地满足消费者的这种需求，企业可以通过电商平台直接获取消费者的反馈，及时调整产品策略，推出更符合市场需求的产品。社交媒体和移动互联网的普及，也为 B2C 跨境电商提供了更广阔的营销渠道，有助于企业提升品牌知名度和产品销量，未来 B2C 跨境电商将迎来更广阔的发展空间。

6.1.1.4　不同商品品类的增长情况

在商品品类方面，3C 产品、纺织服装、家居用品、农产品等主要品类均实现了不同程度的增长。

3C 产品是青岛市跨境电商出口的重要品类，2024 年青岛市 3C 产品跨境电商出口额达 180 亿元，占该市出口总额的 40%，占据较大的市场份额（见表 6-5）。

表 6-5　2020—2024 年青岛市 3C 产品跨境电商出口额及其占比情况

年份	3C 产品跨境电商出口额（亿元）	占出口总额的比例
2020 年	50	33.33%
2021 年	70	35.00%
2022 年	90	36.00%
2023 年	132	40.00%
2024 年	180	40.00%

　　青岛某 3C 产品跨境电商企业始终坚持技术创新，不断推出具有创新性的电子产品，如智能运动耳机、无线充电设备等。公司通过跨境电商平台将产品销售到世界各地，产品凭借高品质和创新设计，在海外市场赢得了良好的口碑。2024 年，公司出口额达到 5 000 万元，较 2020 年实现大幅增长。随着科技的进步，消费者对智能电子产品的需求持续增加，3C 产品在跨境电商领域的发展前景更加广阔。企业需要不断加大研发投入，提升产品的技术含量和附加值，以应对激烈的市场竞争。

　　纺织服装品类也是青岛市跨境电商的重要出口品类之一。2024 年，青岛市该品类跨境电商出口额为 120 亿元，占比 26.67%，在跨境电商出口中占据重要地位（见表 6-6）。

表 6-6　2020—2024 年青岛市纺织服装品类跨境电商出口额及其占比情况

年份	纺织服装品类跨境电商出口额（亿元）	占出口总额的比例
2020 年	30	20.00%
2021 年	40	20.00%
2022 年	60	24.00%
2023 年	86	26.06%
2024 年	120	26.67%

　　青岛某服饰公司凭借独特的设计和优质的面料，打造了多个时尚服装品

牌。公司通过跨境电商平台将产品出口到欧美、日韩等时尚消费市场，2024年出口额为 3 500 万元。随着全球时尚潮流的不断变化和消费者对时尚产品的追求，纺织服装品类跨境电商需要紧跟时尚潮流，加强品牌建设，提升产品的设计感和品质，以满足海外消费者的需求，进一步拓展国际市场。

家居用品品类在青岛市跨境电商出口中也呈现出良好的增长态势。2024年，青岛市家居用品跨境电商出口额为 90 亿元，占比 20%，市场份额逐步扩大（见表 6-7）。

表 6-7　2020—2024 年青岛市家居用品跨境电商出口额及其占比情况

年份	家居用品跨境电商出口额（亿元）	占出口总额的比例
2020 年	20	13.33%
2021 年	30	15.00%
2022 年	40	16.00%
2023 年	66	20.00%
2024 年	90	20.00%

青岛某家居公司专注于智能家居产品的研发和销售，其生产的智能灯具、智能窗帘等产品融合智能技术和时尚设计，受到海外消费者的青睐。2024年，公司出口额为 2 800 万元。随着全球智能家居市场的快速发展，消费者对智能家居产品的需求不断增加，家居用品类跨境电商企业应抓住机遇，加大研发投入，推出更多智能化、个性化的产品，提升产品竞争力。

农产品作为青岛市的特色出口品类，在跨境电商领域也取得了一定的成绩。2024 年，青岛市农产品跨境电商出口额为 60 亿元，占比 13.33%，为青岛市跨境电商出口增添了特色（见表 6-8）。

表 6-8 2020—2024 年青岛市农产品跨境电商出口额及占比情况

年份	家居用品跨境电商出口额（亿元）	占出口总额的比例
2020 年	10	6.67%
2021 年	20	10.00%
2022 年	30	12.00%
2023 年	46	13.94%
2024 年	60	13.33%

青岛某农产品公司通过跨境电商平台将青岛及周边地区的优质农产品（如有机蔬菜、水果、海鲜等）出口到日本、韩国、新加坡等国家和地区。2020 年，公司出口额仅为 500 万元，到 2024 年已增长至 1 800 万元，年复合增长率达到 38.51%。公司注重农产品的品质把控，建立了严格的质量追溯体系，从源头确保农产品的品质。公司积极与当地农户合作，推广标准化种植和养殖技术，提高农产品的产量和质量。在销售方面，公司根据不同国家和地区的市场需求，开发多样化的产品，满足消费者的个性化需求。如公司针对日本市场推出精致的小包装有机蔬菜礼盒，受到当地消费者的喜爱；公司针对韩国市场开发的当地风味海鲜加工产品，销量非常可观。

人们对健康食品的关注度越来越高，对优质农产品的需求持续提升。青岛市农产品跨境电商企业凭借本地丰富的农产品资源和良好的品质，有望在国际市场上进一步扩大市场份额。农产品跨境电商也面临着一些挑战，如农产品的保鲜和运输问题、不同国家和地区的农产品标准差异等。企业需要不断提升冷链物流管理水平，同时加强对国际农产品标准的研究，以应对这些挑战。

6.1.1.5 交易规模增长的驱动因素分析

青岛市跨境电商交易规模的持续增长，得益于多种因素的共同推动。政策支持方面，国家和地方政府出台了一系列促进跨境电商发展的政策措施，为青岛市跨境电商行业的发展提供良好的政策环境。2019年，青岛市获批设立跨境电商综合试验区，这是推动青岛市跨境电商行业发展的重要政策举措。试验区实施了一系列创新举措，如建立"单一窗口"平台，实现海关、税务、外汇等部门的数据共享和业务协同，大幅提高了通关效率。据海关统计，"单一窗口"平台运行后，企业的通关时间平均缩短30%～50%，大大降低了企业的运营成本。政府还推出跨境电商出口退税"无纸化"申报等税收优惠政策，减轻企业负担。2024年，青岛市跨境电商企业通过出口退税"无纸化"申报，累计获得退税金额达5亿元，有效缓解了企业的资金压力，提高了企业的盈利能力。此外，政府还对跨境电商企业的物流费用给予一定的补贴，鼓励企业拓展海外市场。这些政策的出台，极大地激发了企业开展跨境电商业务的积极性，促进了跨境电商交易规模的增长。

产业基础方面，青岛市拥有雄厚的制造业基础和丰富的产业资源，为跨境电商提供了充足的优质商品。青岛市是中国重要的制造业基地之一，在3C产品、纺织服装、家居用品等领域具有较强的产业优势。以3C产品为例，青岛市及周边地区拥有众多电子零部件生产企业和电子产品组装工厂，形成了完整的产业链。这些企业具备强大的生产能力，能够为跨境电商企业提供稳定的货源保障。青岛市的物流、金融等配套产业也较为发达，为跨境电商的发展提供了有力支撑。青岛港作为中国北方的重要港口，具备强大的货物吞吐能力和高效的物流服务体系。2024年前三季度，青岛港货物吞吐量达5.47亿吨，集装箱吞吐量2 316万标准箱。青岛港不断优化物流服务，开通多条国际航线，加强与全球主要港口的联系，能够满足跨境电商货物快速进出口的需求。青岛市的金融机构也积极创新金融产品和服务，为跨境电商企业提供多元化的融资渠道和便捷的支付结算服务。青岛银行推出的跨境电商贸易融资产品，为众多中小跨境电商企业提供资金支持，帮助企业解决融资难问题。

技术创新方面，大数据、人工智能、区块链等新兴技术在跨境电商领域的广泛应用，提升了企业的运营效率和市场竞争力。如利用大数据分析技术，企业可以精准了解海外市场需求和消费者偏好，优化产品研发和营销策略。青岛某跨境电商服务公司自主研发的基于大数据技术的市场分析系统，能够对海量的市场数据进行实时监测和分析，为企业提供精准的市场定位和产品推荐方案。通过该系统的应用，合作企业的产品研发周期平均缩短了 20%，市场推广效果提升了 30%。人工智能客服的应用，提高了客户服务的效率和质量。许多跨境电商企业采用人工智能客服，快速响应客户咨询，解决客户问题，提高客户满意度。据调研统计，使用人工智能客服后，企业的客户咨询处理时间平均缩短了 50%，客户满意度提高了 15%。区块链技术的应用，保障了跨境电商交易的安全和可追溯性。在跨境电商供应链中，区块链技术完整记录了货物的生产、运输、销售等信息，客户可以通过区块链平台查询产品流通全过程的详细信息，对企业和产品的信任度更高。随着各种技术的不断进步，跨境电商行业将迎来更多的发展机遇。企业应积极拥抱新技术，不断提升自身的技术应用能力，以适应市场的变化和竞争的需要。

6.1.2　企业数量稳步扩张

青岛市跨境电商行业展现出欣欣向荣的发展势头，企业数量稳步扩张，截至 2024 年年底，在青岛市注册的跨境电商企业已超 5 000 家，较 2020 年（2 000 家）增长 150%（见表 6-9）。

表 6-9　2020—2024 年青岛市跨境电商企业数量

年份	青岛市跨境电商企业数量（家）	同比增长率
2020 年	2 000	—
2021 年	2 800	40.00%
2022 年	3 500	25.00%

（续表）

年份	青岛市跨境电商企业数量（家）	同比增长率
2023 年	4 300	22.86%
2024 年	5 000	16.28%

6.1.2.1　企业数量增长趋势分析

2020—2024 年，青岛市跨境电商企业数量持续增长。尽管同比增长率在不同年份有所波动，但总体保持稳定上升趋势。2021 年，青岛市跨境电商企业数量增加 800 家，增长率达 40.00%，这主要得益于当时跨境电商行业的快速发展以及青岛市对跨境电商产业的大力扶持吸引了众多企业纷纷涉足该领域。2022 年，企业数量增长至 3 500 家，增长率为 25.00%，虽然增速有所放缓，但仍保持着较高的增长水平。这一阶段，市场逐渐趋于理性，新进入的企业更加注重自身的核心竞争力打造。2023 年，企业数量达到 4 300 家，增长率为 22.86%，行业的集聚效应开始显现，相关配套产业的发展也为新企业的进入提供了更有利的条件。到 2024 年，企业数量突破 5 000 家，增长率为 16.28%，表明行业已进入了一个相对稳定的增长阶段，新企业的进入更加谨慎，但整体规模仍在不断扩大。

青岛市跨境电商企业数量每年的增长率虽有所波动，但没有出现大幅下滑的情况，这说明青岛市跨境电商行业的发展具有较强的韧性，能够持续吸引企业进入，为行业的进一步发展注入源源不断的活力与动力。这种稳定的增长趋势也为行业的长期发展奠定了坚实的基础，有助于形成良好的产业生态环境。

青岛某科技公司的跨境电商业务涵盖 3C 产品、纺织服装、家居用品等多个领域，形成了较为完善的产业生态。在 3C 产品领域，公司依托强大的研发团队，不断推出具有创新功能的智能手表、智能音箱等产品。通过与亚马逊、

eBay 等国际知名跨境电商平台合作，产品远销欧美、中东等地区。2020 年，公司员工仅 50 人，年销售额为 600 万元；到 2024 年，员工人数增加至 120 人，年销售额增长至 2 000 万元，实现了快速发展。在这期间，公司加大研发投入，每年将营业收入的 15% 用于新产品研发，推出多款具有竞争力的产品。公司不断优化供应链管理，与优质供应商建立长期合作关系，确保原材料的稳定供应和产品质量的稳步提升。公司还积极参加国际电子产品展会，拓展海外销售渠道，提升品牌知名度和市场份额。

青岛先峰服饰有限公司在纺织服装领域同样成绩斐然。公司通过深入研究国际时尚潮流趋势，打造了多个具有独特风格的服装品牌，并借助跨境电商平台，将产品销往世界各地。2020 年，该公司员工仅有 30 人，主要以代工生产为主，缺乏自主品牌和市场渠道，年销售额 300 万元；至 2024 年，公司员工人数已增至 80 人，年销售额增长至 1 000 万元。公司在发展过程中，十分注重品牌建设，组建了专业的设计团队，每年推出上百款新款服装。通过积极拓展销售渠道，公司除在主流跨境电商平台开设店铺外，还与海外知名时尚买手店合作，不断提升品牌的知名度和美誉度。

青岛某农产品跨境电商公司充分利用青岛及周边地区丰富的农产品资源，通过跨境电商平台将胶州大白菜、马家沟芹菜等特色农产品出口到日本、韩国等国家。公司从 2021 年成立之初的年销售额 100 万元，发展到 2024 年的年销售额 500 万元，实现了快速增长。公司建立了严格的农产品质量控制体系，从源头把控农产品质量，确保出口的农产品符合国际标准。公司特别重视与当地农户的合作，通过订单生产的方式，保障农产品的稳定供应。公司积极拓展海外市场，与海外农产品经销商建立了长期合作关系，同时利用跨境电商平台的大数据分析功能，了解海外消费者的需求，有针对性地推出符合市场需求的农产品礼盒，提升产品的附加值和销量，为当地农产品拓展海外市场、促进农业产业发展做出了积极贡献。

6.1.2.2 规模以上企业的引领作用

青岛市规模以上跨境电商企业数量逐年增多。2020 年，规模以上跨境电商企业数量为 300 家，占跨境电商企业总数的 15%；到 2024 年，规模以上跨境电商企业达到 800 家，占跨境电商企业总数的 16%（见表 6-10）。这些规模以上跨境电商企业在技术创新、市场拓展和品牌建设方面发挥着引领作用，是推动青岛市跨境电商行业发展的重要力量。

表 6-10　2020—2024 年青岛市规模以上跨境电商企业数量及其占比

年份	规模以上跨境电商企业数量（家）	占企业总数比例
2020 年	300	15.00%
2021 年	400	14.29%
2022 年	500	14.29%
2023 年	650	15.12%
2024 年	800	16.00%

以青岛联合创智科技有限公司为例，作为一家规模以上 3C 产品跨境电商企业，该公司高度重视技术研发和创新，每年投入大量资金用于产品研发和升级。公司自主研发的智能穿戴设备在海外市场受到广泛关注，通过不断拓展销售渠道，产品已进入欧美、东南亚市场。同时，公司积极打造自主品牌，通过品牌建设提升产品附加值和市场竞争力，现在，该公司已成为青岛市跨境电商标杆企业之一。在技术研发方面，公司与多所院校和科研机构建立了产学研合作关系，不断提升产品的技术含量；在市场拓展方面，公司积极参加国际知名电子产品展会，与海外大型零售商和经销商建立合作关系，拓宽销售渠道；在品牌建设方面，公司十分注重品牌形象塑造，通过广告投放、社交媒体营销等方式，提升品牌的国际知名度和美誉度。

6.1.2.3 企业扩张对配套产业的带动

青岛市跨境电商企业数量稳步扩张，带动了相关配套产业的发展。

物流行业是跨境电商的重要配套产业之一。随着跨境电商企业数量的增加，跨境物流服务需求也日益增长。青岛某物流公司起初主要从事国内物流业务。随着青岛市跨境电商行业的发展，公司敏锐地捕捉到市场机遇，迅速调整业务方向，加大在跨境物流领域的投入，在全球多个国家和地区建立了仓储中心。公司拥有专业的物流团队，能够为跨境电商企业提供国际快递、海外仓储、物流配送等一站式服务。2020 年，公司跨境物流业务收入为 800 万元；到 2024 年已增至 3 000 万元，年复合增长率达 39.40%。公司不断优化物流线路，与多家国际知名物流企业建立合作关系，提高了物流运输效率。同时，公司还投资建设智能化仓储设施，引入先进的仓储管理系统，实现了货物的快速出入库和精准库存管理，降低了仓储成本。公司还提供定制化物流解决方案，根据不同跨境电商企业的需求，提供个性化的物流服务，满足企业多样化的物流需求。

金融行业也为跨境电商企业的发展提供了重要支持。青岛银行推出多款针对跨境电商企业的专属金融产品，如跨境电商贸易融资、外汇结算便利化服务等，为企业提供在线融资申请、快速审批等便捷服务。截至 2024 年年底，青岛银行已为 500 多家跨境电商企业提供金融支持，贷款金额累计达到 10 亿元（见表 6-11）。银行还为跨境电商企业提供汇率风险管理服务，帮助企业应对汇率波动风险。通过大数据分析和风险评估模型，金融机构可以对跨境电商企业的信用状况进行精准评估，为优质企业提供更便捷的融资服务，促进跨境电商企业的健康发展。

表 6-11　2020—2024 年青岛银行对跨境电商企业的金融支持情况

年份	提供金融支持的跨境电商企业数量（家）	累计贷款金额（亿元）
2020 年	100	2
2021 年	150	4
2022 年	220	6
2023 年	350	8
2024 年	500	10

6.1.3　产业生态逐步完善

青岛市跨境电商行业在快速发展过程中，产业生态逐步完善，形成了完整的产业链。

6.1.3.1　各环节通力协作

在产业链上游，大量优质产品供应商提供了丰富多样的商品资源。以 3C 产品为例，青岛及周边地区拥有众多电子零部件生产企业和电子产品组装工厂，如青岛华芯科电子科技有限公司专注于芯片研发和生产，为当地众多 3C 产品制造企业提供核心零部件。据调研统计，2024 年，公司为当地 30 多家跨境电商企业供应芯片。该公司每年投入的研发资金占营业收入的 20%，通过技术创新和工艺改进，不断推出性能更优、功耗更低的芯片产品。公司研发出的新型芯片在性能上优于同类产品，为 3C 产品跨境电商企业提供了更具竞争力的产品组件，帮助跨境电商企业提升产品性能，降低生产成本。青岛智宏泰电子公司具备大规模电子产品组装能力，能够高效生产各类智能电子产品。这些供应商的集聚，已形成产业集群效应，可为跨境电商企业提供充足的货源保障。

上游供应商与跨境电商企业之间已形成紧密的协同发展关系。跨境电商企业根据市场需求，及时向供应商反馈产品改进意见和新的产品需求，供应商则根据这些反馈进行产品研发和生产调整。青岛海创智家科技有限公司在市场调研中发现，海外消费者对具有快充功能的电子产品需求增加，便向合作的供应商提出研发需求。供应商迅速组织研发团队，在短短三个月时间内就推出了适用于该企业产品的快充芯片，帮助企业及时推出具有竞争力的新产品，抢占市场先机。这种协同发展模式，不仅提高了产品的市场适应性，还增强整个产业链的竞争力。

在产业链中游，跨境电商平台和服务提供商发挥着关键作用。青岛市不仅有阿里巴巴国际站、亚马逊等国内外知名跨境电商平台为企业提供销售渠道，还有本地跨境电商平台如青岛跨境购等为企业提供更精准的服务。青岛跨境购平台针对青岛本地特色产品（如海鲜、啤酒、工艺品等）打造专属的销售渠道和模式，通过线上线下结合的推广方式，提高青岛本地特色产品的国际知名度和销量。2024 年，青岛跨境购平台的特色产品销售额达 5 亿元，同比增长 30%。平台还为入驻企业提供一站式服务，包括店铺搭建、运营指导、物流配送等，帮助企业降低运营成本、提高运营效率。

各类服务提供商（如物流企业、支付机构、营销策划公司等）不断涌现，为跨境电商企业提供全方位支持。青岛某国际物流公司专注于跨境电商物流业务，为众多跨境电商企业提供国际快递、海外仓储、物流配送等一站式服务。该公司在全球多个国家和地区建立了仓储中心，通过优化物流线路和仓储管理，提高物流配送效率，降低物流成本，为跨境电商企业的发展提供有力的物流保障。公司利用大数据技术对物流数据进行分析，根据不同国家和地区的物流需求和运输特点，优化物流管理，使货物运输时间平均缩短 2 天～3 天。在仓储管理方面，公司采用智能化仓储系统，实现货物的快速出入库和精准库存管理，降低仓储成本。2024 年，该公司的物流服务覆盖青岛市 80% 以上的跨境电商企业，客户满意度达到 90% 以上。

在支付领域，青岛某支付科技公司推出了跨境电商支付一站式服务平台，支持多种国际主流货币的结算支付，具备快速结算、风险防控等功能。该平台与多家跨境电商平台和银行合作，为企业提供高效的支付服务。2024 年，该平台处理的跨境电商支付交易金额达到 30 亿元，同比增长 40%。

各类营销策划公司也为跨境电商企业提供专业的营销服务。通过市场调研、品牌策划、广告投放等手段，它们帮助企业提升了品牌知名度和产品销量。

6.1.3.2 产业集聚效应与协同发展

青岛市跨境电商还形成了良好的产业集聚效应。以青岛西海岸新区为例，该区域依托优越的地理位置和政策优势，吸引了大量跨境电商企业入驻，形成了跨境电商产业园区。园区内的企业相互交流、合作，共享资源，形成了产业协同发展的良好局面。截至 2024 年年底，青岛西海岸新区跨境电商产业园区已入驻企业 200 余家，涵盖跨境电商平台运营、产品研发、物流配送、营销策划等多个领域。园区为企业提供完善的基础设施和配套服务，包括标准化厂房、办公场地、仓储设施、物流配送中心等。园区内建有智能化仓储设施，采用先进的仓储管理系统，可实现货物的自动化存储和分拣，大幅提高了仓储效率，降低了企业的运营成本。园区还配套了一站式服务中心，为企业提供工商注册、税务咨询、金融服务等便捷服务，帮助企业解决发展过程中的各种问题。

在园区内，企业与企业之间发展出了良好的合作关系，共同推动产业的发展。如某科技公司与某物流公司合作，共同开发了一套智能物流跟踪系统，实现了货物运输过程的实时监控和信息共享，提高了物流配送的透明度和可靠性。通过该系统，企业可以实时掌握货物的运输状态等信息，及时调整物流计划，减少货物丢失和损坏的风险。

6.1.3.3　行业协会与人才培养的推动作用

青岛市跨境电商产业生态的完善，还体现在行业协会的积极作用上。青岛市跨境电子商务协会作为重要的行业组织，在促进企业交流、规范行业发展、推动政策落地等方面发挥着重要作用。协会定期组织各类培训、研讨会和行业交流活动，为企业提供了学习和交流的平台。

协会还积极与政府部门沟通协调，反映企业的诉求和建议，推动有利于行业发展的政策出台。协会通过调研收集企业在发展过程中遇到的问题和困难，向政府部门提出针对性的政策建议。在协会的推动下，政府出台一系列支持跨境电商发展的政策措施，如加大对跨境电商企业的资金扶持力度、优化通关流程等，为企业创造了良好的发展环境。

为满足跨境电商企业对人才的需求，青岛市不断加大跨境电商人才培养力度，除在高校和职业院校设置相关专业外，还支持设立了一批专业的培训机构。青岛某跨境电商培训企业专注于跨境电商人才的培训，课程涵盖跨境电商平台操作、市场营销、物流管理等多个方面。学院与多家跨境电商企业建立了合作关系，为学员提供实习和就业机会。该机构自成立以来，已培训数千名跨境电商专业人才，为行业发展提供了有力的人才支持。学院的培训课程注重实践操作，学员在培训过程中可以通过模拟跨境电商平台运营、实际案例分析等方式，提高实际操作能力。据调查，学院毕业的学员在进入企业后，能够快速适应工作岗位，受到企业的广泛好评。

高校和职业院校也在不断优化跨境电商专业课程的设置和教学实践。青岛大学电子商务（跨境电商方向）专业与多家跨境电商企业合作开展实践教学，让学生进入企业参与实际项目，通过实践提高学生解决问题的能力。学校还邀请企业专家走进课堂，为学生讲解行业最新知识和传授实践经验，使学生更好地了解行业发展动态和企业需求。

6.1.3.4 新兴产业的发展

青岛市跨境电商产业生态的完善还带动了相关新兴产业的发展，如跨境电商大数据分析行业逐渐兴起。青岛某大数据科技公司利用大数据技术，为跨境电商企业提供市场环境分析、消费者行为分析、竞争对手监测等服务。公司通过对海量数据的挖掘，帮助企业精准定位市场需求，优化产品策略和制定营销方案，提高企业的市场竞争力。该公司曾为一家跨境电商服装企业提供市场分析服务，通过对消费者购买数据和市场趋势的分析，公司建议企业推出复古风格的服装系列。该系列服装上市后，受到消费者的青睐，销售额在一个月内就突破了 100 万元。跨境电商直播行业也在青岛市迅速发展。许多跨境电商企业通过直播平台展示产品、与消费者互动，有效地提高了产品的销量。

6.2 跨境电商平台与企业概况

6.2.1 跨境电商平台发展全景

6.2.1.1 综合型跨境电商平台布局

在青岛市跨境电商蓬勃发展的进程中，综合型跨境电商平台占据着关键地位，成为推动区域跨境电商交易增长的核心力量（见表 6-12）。

表 6-12　青岛市主要综合型跨境电商平台基本情况

平台名称	上线时间	入驻企业数量（家）	2024 年年交易额（亿元）	同比增长率	主要服务内容
亚马逊（青岛区域）	2010 年	500 多	25	12%	提供全球物流、交易平台、数据支持等
海贸通	2020 年	300	10	30%	报关报检、物流配送、金融结算等一站式服务
速卖通	2018 年	250	8	25%	整合物流资源、提供营销推广工具

亚马逊平台凭借其完善的全球物流体系、庞大的用户基础，以及先进的技术架构，在跨境电商领域扮演着重要角色，自入驻青岛市场以来，吸引了大量本地企业入驻。截至 2024 年，青岛市借助亚马逊平台开展跨境电商业务的企业超过 500 家，涵盖 3C 产品、纺织服装、家居用品等多个品类。这些企业通过亚马逊平台将产品远销全球 100 多个国家和地区。2024 年，青岛市企业在亚马逊平台的年交易额达 25 亿元，同比增长 12%。

除国际巨头外，青岛市本土综合型跨境电商平台也在迅速崛起。如海贸通平台自 2020 年上线运营以来，依托青岛丰富的产业资源和优越的地理位置，积极整合供应链上下游资源。截至 2024 年年底，海贸通平台入驻企业达到 300 家，年交易额达到 10 亿元，同比增长 30%。海贸通平台通过与青岛本地物流企业合作，打造了高效的物流配送网络，将货物平均配送时间缩短了 2 天～ 3 天，大大提升了用户体验。

综合型跨境电商平台之间既存在激烈的竞争，也存在合作共赢的可能。如亚马逊等国际平台凭借品牌优势吸引高端品牌和大型企业入驻，而本土平台则通过提供更贴合本地企业需求的定制化服务来争夺市场份额。同时，部分平台也开始尝试彼此合作，通过共同举办跨境电商展会、培训活动等，促进资源共享和信息交流，推动青岛市跨境电商行业的整体发展。

6.2.1.2　平台创新服务模式

众多跨境电商平台积极引入大数据、人工智能等先进技术，实现精准营销和个性化推荐。以海贸通平台为例，平台利用大数据分析技术，对用户的浏览历史、购买行为、搜索关键词等数据进行深度挖掘，精准把握用户的兴趣爱好和消费需求，为用户推送个性化的商品，商品点击率提高了30%，转化率提高了20%。平台还利用人工智能客服，实现24小时在线服务，快速响应用户咨询，解决用户问题，使用户满意度提升了15%。

为解决跨境电商企业资金周转难题，部分平台还推出了供应链金融服务。速卖通与多家银行和金融机构合作，推出了基于订单和应收账款的融资服务。企业可以凭借平台上的订单和应收账款申请融资，融资额度最高可达订单金额的80%。截至2024年年底，速卖通已为200家企业提供供应链金融服务，累计融资金额达到5亿元，有效缓解了企业的资金压力，促进了企业的业务发展。

物流是跨境电商发展的关键环节，各平台纷纷通过优化物流配送体系来提升服务质量。亚马逊在青岛设立了物流运营中心，利用其全球物流网络和先进的物流管理系统，实现货物的快速分拣、包装和配送。青岛市企业通过亚马逊物流（FBA）服务，使商品的平均配送时间缩短了3天～5天。本土平台海贸通则与青岛本地的多家物流企业建立了战略合作伙伴关系，整合物流资源，优化物流线路，降低物流成本。平台还引入智能仓储管理系统，实现货物的智能化存储和管理，提高了仓储效率和货物周转率（见表6-13）。

表6-13　青岛市跨境电商平台创新服务成果数据

平台名称	创新服务类型	具体成果
海贸通	大数据精准营销	商品点击率提升30%，转化率提升20%
海贸通	人工智能客服	用户满意度提升15%

（续表）

平台名称	创新服务类型	具体成果
海贸通	物流资源整合与智能仓储	降低物流成本 15%，仓储效率提升 20%
速通跨境综合平台	供应链金融服务	已服务 200 家企业，累计融资金额 5 亿元
亚马逊（青岛区域）	物流优化（FBA）	商品平均配送时间缩短 3 天～ 5 天

6.2.2　跨境电商企业发展态势

6.2.2.1　企业规模分布

在青岛市跨境电商企业中，大型企业凭借其雄厚的资金实力、先进的技术和完善的市场渠道，成为行业发展的引领者。青岛海尔智家股份有限公司作为全球知名的家电企业，积极拓展跨境电商业务。公司通过亚马逊、速卖通等多个跨境电商平台将智能家电产品销往全球 160 多个国家和地区。2024年，海尔智家在跨境电商领域的销售额达到 50 亿元，同比增长 15%。公司不断加大技术研发投入，推出一系列具有创新功能的智能家电产品，如智能冰箱、智能洗衣机、智能空调等，满足了全球消费者对高品质智能生活的需求。同时，公司建立了完善的全球售后服务体系，为消费者提供及时、高效的售后服务，提升了品牌的美誉度和市场竞争力。

中型跨境电商企业是青岛市跨境电商产业的中坚力量，它们在业务规模、市场份额等方面处于中等水平，但具有较大的发展潜力。青岛某服装公司是一家专注于服装跨境电商业务的中型企业。公司拥有自己的设计团队和生产工厂，能够实现从设计、生产到销售的全产业链运营。公司通过速卖通、Wish 等跨境电商平台将时尚服装产品销售到欧洲、北美、亚洲等市场。2024年，公司的跨境电商销售额达到 1.5 亿元，同比增长 20%。公司注重产品创新和品牌建设，每年推出 500 多款新款服装，满足不同消费者的时尚需求。

同时，公司积极开展品牌推广活动，通过参加国际服装展会、与海外知名品牌合作等方式，提升品牌的国际知名度和市场份额。

小型跨境电商企业在青岛市跨境电商企业中数量最多，它们具有灵活性高、创新能力强等特点，在满足市场多样化需求、促进就业等方面发挥着重要作用。青岛创想网络科技有限公司是一家成立于 2016 年的小型跨境电商企业，专注于 3C 电子产品的跨境销售。公司通过亚马逊、eBay 等跨境电商平台，将智能手环、无线耳机、移动电源等产品销售到全球 30 多个国家和地区。公司注重产品品质和用户体验，严格把控产品质量，为消费者提供优质的售后服务。同时，公司积极关注市场动态和消费者需求变化，不断推出具有创新功能的产品，赢得了消费者的认可和好评。

表 6-14　青岛市不同规模跨境电商企业发展概况

企业规模	典型企业	2024 年跨境电商销售额（亿元）	同比增长率	主要市场	核心竞争力
大型企业	大数据精准营销	商品点击率提升 30%，转化率提升 20%	15%	全球 160 多个国家和地区	技术研发、全球售后体系
中型企业	人工智能客服	用户满意度提升 15%	20%	欧洲、北美、亚洲等	设计生产能力、品牌建设
小型企业	物流资源整合与智能仓储	降低物流成本 15%，仓储效率提升 20%	50%	全球 30 多个国家和地区	产品创新、用户体验

6.2.2.2　企业地域集聚

青岛自贸片区凭借其优越的政策环境、便捷的通关条件和完善的基础设施，成为跨境电商企业的主要集聚地之一。截至 2024 年年底，青岛自贸片区内备案跨境电商企业数量达 800 家，占全市备案跨境电商企业总数的 30%。这些企业涵盖跨境电商平台运营、进出口贸易、物流配送、供应链服务等多个领域，形成了较为完整的跨境电商产业链。如青云通是一家专注于为跨境电商企业提供一站式服务的平台企业。公司整合报关、报检、物流、仓储、金融等多种服务资源，为入驻企业提供高效、便捷的服务。

西海岸新区作为青岛市的经济发展高地，在跨境电商领域也取得了显著的成绩。该区域拥有丰富的产业资源和人才资源，为跨境电商企业的发展提供了有力支撑。2024 年，西海岸新区备案跨境电商企业数量达 600 家，占全市备案跨境电商企业总数的 22%。其中，以家电、服装、食品等产业为依托的跨境电商企业发展迅速，成为该区域跨境电商产业的重要增长点。如青岛西海岸新区的青岛海信国际营销股份有限公司，是海信集团旗下的跨境电商企业，主要负责海信家电产品的海外销售。公司通过跨境电商平台将海信的电视、冰箱、空调等产品销往全球 100 多个国家和地区。2024 年，公司的跨境电商销售额达到 20 亿元，同比增长 18%。

上合示范区依托其独特的区位优势和对上合组织国家的合作优势，积极推动跨境电商产业发展。截至 2024 年年底，上合示范区备案跨境电商企业数量达到 400 家，占全市备案跨境电商企业总数的 15%。这些企业主要开展针对上合组织国家的跨境电商业务，在农产品、建材、机械设备等领域占据了一定的市场份额。

6.2.2.3　企业业务创新模式

青岛市许多传统外贸企业积极转型跨境电商，利用跨境电商平台拓展国际市场。青岛即发集团是一家具有 30 多年传统外贸经验的企业，主要从事纺织品出口业务。在传统外贸模式下，企业主要通过参加国内外展会、与国外采购商建立合作关系等方式开展业务。然而，随着市场竞争的加剧和贸易环境的变化，传统外贸业务面临着诸多挑战。为寻求新的发展机遇，企业于 2020 年开始转型跨境电商。通过入驻速卖通、亚马逊等跨境电商平台，即发集团建立了自己的品牌店铺，直接面向全球消费者销售产品。同时，企业非常重视品牌建设和营销推广，利用社交媒体推广、搜索引擎优化等手段提升品牌知名度和产品销量。转型跨境电商后，企业的业务范围得到极大拓展，产品出口到全球 50 多个国家和地区。

一些本土电商企业在国内市场取得一定成绩后，将目光投向国际市场，积极拓展跨境业务。青岛优生活电子商务有限公司是一家在国内电商市场颇具影响力的企业，主要从事家居用品销售业务。随着国内电商市场竞争日趋激烈，企业决定拓展跨境业务，寻求新的增长空间。2021 年企业开始布局跨境电商业务，通过与国际知名物流企业合作，建立国际物流配送体系。同时，企业针对不同国家和地区的市场需求，对产品进行优化和调整，推出符合当地消费者偏好的产品。在营销推广方面，企业利用海外社交媒体平台、跨境电商平台广告投放等手段，提高产品曝光度和知名度。经过多年发展，企业的跨境电商业务取得显著成效。2024 年，企业的跨境电商销售额达到 5 000 万元，产品出口到欧美、东南亚等多个国家和地区，用户数量也不断增长。

近年来，青岛市涌现出一批新兴跨境电商企业，这些企业以创新的业务模式和发展理念，在跨境电商市场中崭露头角。青岛梦露传媒有限公司是一家专注于跨境电商社交营销的企业。该企业利用社交媒体平台的传播优势，通过社交账号运营、内容创作、粉丝互动等方式，打造独特的跨境电商营销模式。企业与全球多个国家和地区的社交媒体达人合作，通过达人的影响力和粉丝基础，推广、销售产品。同时，企业注重用户体验和品牌建设，通过提供优质的产品和服务，提高用户的满意度和忠诚度。在短短几年时间里，企业的业务规模迅速扩大，产品销往全球 30 多个国家和地区。2024 年，企业的销售额达到 3 000 万元，同比增长 50%，用户数量也增长至 50 万。

6.3　跨境电商人才需求现状

6.3.1　岗位人才需求结构

6.3.1.1　运营管理人才

跨境电商企业的运营管理岗位是企业发展的核心岗位之一，对人才的综合素质要求较高。运营管理人才需要具备跨境电商平台运营、市场分析、营销策划、团队管理等多方面的能力。根据对青岛市 100 家跨境电商企业的调研，运营管理岗位人才需求占总人才需求的 20%。其中，具有 3 年～5 年工作经验的运营管理人才最为稀缺，企业对这类人才的需求占运营管理岗位需求的 40%。如青岛某跨境电商公司在招聘运营经理时，要求应聘者具备本科及以上学历，3 年以上跨境电商运营管理经验，熟悉亚马逊、速卖通等跨境电商平台的运营规则，能够制定有效的市场推广策略，带领团队完成销售目标。

6.3.1.2　技术研发人才

随着跨境电商行业的快速发展，技术研发人才在企业中的地位日益重要。技术研发人才需要具备软件开发、数据分析等方面的技术能力，要能够为企业提供技术支持和创新解决方案。调研数据显示，技术研发岗位人才需求占总人才需求的 15%。其中，数据分析和软件开发人才需求较大，分别占技术研发岗位需求的 35% 和 30%。如速卖通在招聘数据分析师时，要求应聘者具备统计学、数学、计算机科学等相关专业背景，熟练掌握 SQL、Python 等数据分析工具，能够通过分析数据为企业的运营决策提供支持。

6.3.1.3　市场营销人才

市场营销人才是跨境电商企业拓展市场、提升品牌知名度的关键力量。

市场营销人才需要具备市场调研、品牌推广、社交媒体营销、广告投放等方面的能力。根据调研，市场营销岗位人才需求占总人才需求的 25%。其中，具有海外市场推广经验的市场营销人才备受企业青睐，企业对这类人才的需求占市场营销岗位需求的 45%。如青岛某服装公司在招聘海外市场推广专员时，要求应聘者具备本科及以上学历，2 年以上海外市场推广经验，熟悉 Facebook、Instagram 等海外社交媒体平台的营销规则，能够制定有效的海外市场推广策略，提升品牌在海外市场的知名度和影响力。

6.3.1.4　供应链管理人才

供应链管理是跨境电商企业运营的重要环节，供应链管理人才需要具备采购管理、物流配送、仓储管理、供应链优化等方面的能力。调研结果表明，供应链管理岗位人才需求占总人才需求的 15%。其中，具有国际物流和海外仓管理经验的人才较为紧缺，企业对这类人才的需求占供应链管理岗位需求的 50%。如海信在招聘供应链经理时，要求应聘者具备本科及以上学历，5 年以上供应链管理经验，熟悉国际物流流程和海外仓运营管理，能够优化供应链体系，降低企业运营成本。

6.3.1.5　语言翻译人才

由于跨境电商业务涉及全球多个国家和地区，语言翻译人才在企业中发挥着重要的作用。语言翻译人才需要具备流利的外语听说读写能力，并熟悉跨境电商行业术语。调研显示，语言翻译岗位人才需求占总人才需求的 10%。其中，英语翻译人才需求最大，占语言翻译岗位需求的 60%，其次是日语、韩语、西班牙语等小语种翻译人才。如青岛某跨境电商公司在招聘英语翻译时，要求应聘者有英语专业八级及以上证书，2 年以上翻译工作经验，能够准确翻译跨境电商相关的合同、文件、产品描述等内容。

6.3.1.6　客户服务人才

客户服务人才是跨境电商企业与消费者沟通的重要窗口，客户服务人才需要具备良好的沟通能力、问题解决能力和服务意识。调研数据显示，客户服务岗位人才需求占总人才需求的15%。其中，能够用外语进行沟通交流的客户服务人才更受企业欢迎，企业对这类人才的需求占客户服务岗位需求的40%。如青岛爱尚跨境电商公司在招聘客服人员时，要求应聘者具备良好的英语听说读写能力，能够及时回复客户咨询，解决客户投诉，维护良好的客户关系。

表 6-15　青岛市跨境电商企业岗位人才需求情况

岗位类别	需求占比	紧缺经验型人才占该岗位需求比	关键技能要求
运营管理	20%	40%（3 年～5 年经验）	平台运营、市场分析、营销策划、团队管理
技术研发	15%	—	软件开发、数据分析、人工智能、区块链等
市场营销	25%	45%（具备海外市场推广经验）	市场调研、品牌推广、社交媒体营销、广告投放
供应链管理	15%	50%（具备国际物流和海外仓管理经验）	采购管理、物流配送、仓储管理、供应链优化
语言翻译	10%	—	外语听说读写流利、熟悉行业术语和文化背景
客户服务	15%	40%（具备外语沟通能力）	良好沟通能力、问题解决能力、服务意识、外语交流能力

6.3.2　人才技能需求深度

6.3.2.1　数字化技能

在数字化时代，跨境电商企业对人才的数字化技能要求越来越高。无论是运营管理、市场营销还是技术研发岗位，都需要人才具备一定的数字化技能。如运营管理人员需要掌握数据分析工具，通过对平台数据进行分析来优化运营策略；市场营销人员需要利用社交媒体平台的广告投放工具进行精准营销；技术研发人员则需要具备软件开发、大数据分析等数字化技能，为企业开发创新的技术解决方案。根据调研，80% 的跨境电商企业表示，数字化技能是招聘人才时重点考虑的因素之一。在实际工作中，能够熟练使用数据分析工具（如 Excel 高级功能、SQL、Python 数据分析库等）的人才，能够帮助企业更好地了解市场需求、消费者行为，从而制定更有效的运营策略。

6.3.2.2　跨文化沟通技能

跨境电商业务面向全球市场，跨文化沟通技能已成为诸多岗位必备的能力之一。企业需要员工能够理解不同国家和地区的文化差异，在与海外客户、供应商沟通时，避免因文化差异出现误解和冲突。如翻译人员不仅要具备良好的语言表达能力，还要了解目标市场的文化习俗、商业习惯等，确保翻译的内容准确、得体。市场营销人员在进行海外市场推广时，也需要充分考虑当地的文化背景，制订符合当地市场需求营销方案。如青岛万合盛贸易有限公司在进入日本市场时，通过深入了解日本文化中对细节的极致追求，调整了产品包装和宣传策略，突出了产品的高品质和精细工艺，由此成功打开日本市场。

6.3.2.3　电商平台操作技能

不同的跨境电商平台有其独特的运营规则和操作流程，跨境电商企业要求员工熟悉主流跨境电商平台的操作流程，如亚马逊平台商品上架、店铺运营、FBA 物流管理，速卖通平台营销活动策划、直通车推广等。员工熟练掌握这些平台操作技能，能够提高工作效率，降低运营成本。根据对青岛市跨境电商企业的调查，90% 以上企业要求员工入职后能够快速熟悉并掌握至少一个主流跨境电商平台的操作流程。许多企业会为新员工提供平台操作培训，帮助他们尽快适应工作岗位，但具备丰富平台操作经验的人才在招聘市场上具有明显优势。（见表 6-16）

表 6-16　青岛市跨境电商企业对人才关键技能的重视程度

技能类别	企业重视程度	对企业业务影响
数字化技能	80%	助力精准运营、营销与技术创新
跨文化沟通技能	75%	避免文化冲突，促进国际业务合作
电商平台操作技能	90%	提高工作效率，降低运营成本

6.3.3　人才学历与经验偏好

6.3.3.1　学历要求

青岛市跨境电商企业在招聘人才时，对学历有一定的要求。本科及以上学历的人才需求占比较大，达 60%。其中，运营管理、技术研发、市场营销等核心岗位对本科及以上学历的要求更为突出。如对于运营管理岗位，70% 的企业要求应聘者具备本科及以上学历；对于技术研发岗位，80% 的企业要求本科及以上学历。这是因为这些岗位需要任职人员具备较强的学习能力、专业知识和综合素质，以应对复杂多变的市场环境和业务需求。大专学历的人才需求占 30%，主要集中在客户服务、物流仓储等岗位，这些岗位更注重员工的实际操作能力和工作经验，对学历的要求相对较低。如在客户服务岗位中，大专学历的人才占比达 40%。此外，还有 10% 的企业对学历要求相对宽松，更看重人才的实际能力和工作经验，这类岗位主要分布在一些小型跨境电商企业或初创企业。

6.3.3.2　工作经验

企业在招聘人才时，普遍倾向于有相关工作经验的应聘者。具有 1 年～ 3 年跨境电商工作经验的人才需求占比最大，达 45%。这类人才已经熟悉跨境电商行业的基本运作流程，能够快速适应新的工作环境，为企业创造价值。对于市场营销岗位，具有 1 年～ 3 年海外市场推广经验的人才备受企业青睐，因为这类人才能够运用已有的经验和资源，快速制定有效的市场推广策略。具有 3 年～ 5 年工作经验的人才需求占 30%，这类人才通常在某一领域具有深厚的专业背景和丰富的实践经验，能够胜任企业的中层管理或技术骨干岗位。如具有 3 年～ 5 年供应链管理经验的人才，可以负责企业供应链体系的优化和管理，降低企业运营成本。具有 5 年以上工作经验的人才需求占 15%，这类人才一般具备较强的业务能力和管理经验，能够为企业的战略发展提供决策支持，主要担任企业的高层管理岗位。（见表 6-17）

表 6-17　青岛市跨境电商企业人才学历与经验需求分布

学历层次	需求占比	主要对应岗位	工作经验要求	需求占比	主要对应岗位
本科及以上	60%	运营管理、技术研发、市场营销等核心岗位	1 年～ 3 年	45%	各岗位基层及部分中层
大专	30%	客户服务、物流仓储等操作层面岗位	3 年～ 5 年	30%	中层管理或技术骨干岗位
不限	10%	小型企业或初创企业部分岗位	5 年以上	15%	高层管理岗位

第 7 章　人才培养现状

7.1　院校跨境电商教育情况

7.1.1　专业设置与课程体系

在数字化浪潮的推动下，跨境电商行业呈现出蓬勃发展的态势，全球范围内的商品交易因为互联网的发展正经历着巨大的变革。这种变革不仅为企业带来了新的发展机遇，也对专业人才提出了更高的要求。跨境电商涉及国际贸易、电子商务、市场营销、物流管理等多个领域，从业者需要具备全面的能力和素质。

青岛市作为我国重要的沿海开放城市，具有良好的经济基础和对外贸易条件，在跨境电商行业的发展上青岛一直紧跟时代步伐。青岛市内的高校及职业院校积极响应市场需求，纷纷开设跨境电商相关专业，为本地及周边地区的跨境电商企业输送专业人才（见表 7-1）。

表 7-1　青岛市部分院校跨境电商专业课程设置对比

院校名称	院校类型	专业名称	核心课程（部分列举）	特色课程
青岛大学	本科	国际经济与贸易（跨境电商方向）	国际贸易理论、跨境电商实务、国际物流与供应链管理	跨境电商营销案例分析
青岛科技大学	本科	电子商务（跨境电商方向）	电子商务概论、跨境电商平台运营、跨境支付与结算	跨境电商数据分析与应用
青岛理工大学	本科	国际商务（跨境电商方向）	国际商务谈判、跨境电商英语、跨境电商运营管理	跨境电商风险管理
山东科技大学	本科	市场营销（跨境电商方向）	市场营销学、跨境电商市场调研、跨境电商营销策划	跨境电商品牌建设与推广
青岛农业大学	本科	物流管理（跨境电商物流方向）	物流学概论、跨境物流实务、国际货运代理	跨境电商物流成本管理
青岛黄海学院	本科	电子商务（跨境电商方向）	跨境电商平台操作、跨境电商营销、跨境物流与供应链管理、国际结算与支付	跨境电商运营实践
青岛滨海学院	本科	电子商务（跨境电商方向）	电子商务概论、跨境电商运营、跨境电商营销策划	跨境电商综合训练
青岛城市学院	本科	跨境电子商务	管理学、信息技术、跨境电商营销推广、跨境电商视觉营销	跨境电商客户服务、数据分析
青岛恒星科技学院	本科	电子商务（跨境电商方向）	跨境电商概论、跨境电商平台运营、跨境电商营销	跨境电商直播与短视频营销
青岛工学院	本科	电子商务（跨境电商方向）	电子商务基础、跨境电商运营技巧、跨境电商物流配送	跨境电商实战业务训练
青岛职业技术学院	专科	跨境电子商务	跨境电商基础、跨境电商客服实训、跨境电商平台运营实训	跨境电商直播实战
青岛酒店管理职业技术学院	专科	电子商务（跨境电商方向）	网络营销、跨境电商视觉设计、跨境电商客户关系管理	跨境电商选品与采购
青岛港湾职业技术学院	专科	国际经济与贸易（跨境电商方向）	国际贸易实务、跨境电商报关报检、跨境电商平台操作	跨境电商国际结算

（续表）

院校名称	院校类型	专业名称	核心课程（部分列举）	特色课程
青岛远洋船员职业学院	专科	电子商务（跨境电商方向）	电子商务基础、跨境电商运营技巧、跨境电商物流配送	跨境电商运营数据分析
山东外贸职业学院	专科	跨境电子商务	跨境电商概论、跨境电商营销推广、跨境电商供应链管理	跨境电商法律法规
青岛工程职业学院	专科	电子商务（跨境电商方向）	网店运营、跨境电商营销推广、跨境电商仓储管理	跨境电商直播运营
青岛幼儿师范高等专科学校	专科	电子商务（跨境电商方向）	商务数据分析与应用、跨境电商客户服务、跨境电商视觉营销	跨境电商新媒体营销
青岛航空科技职业学院	专科	电子商务（跨境电商方向）	电子商务运营、跨境电商平台推广、跨境电商物流管理	跨境电商移动商务应用
青岛求实职业技术学院	专科	电子商务（跨境电商方向）	电子商务概论、跨境电商运营、跨境电商营销策划	跨境电商社交营销
山东文化产业职业学院	专科	跨境电子商务	电子商务运营基础、跨境新媒体文案创作、跨境电商网页设计与制作	跨境项目实战、新媒体营销与推广
青岛财经职业学校	中职	跨境电子商务	跨境电商基础、商品拍摄与图片处理、跨境电商客服	跨境电商平台实操
青岛商务学校	中职	跨境电子商务	国际贸易基础、跨境电商英语、跨境电商运营	跨境电商营销技巧
青岛电子学校	中职	电子商务（跨境电商方向）	电子商务基础、网络营销、跨境电商物流	跨境电商数据分析基础

7.1.1.1　本科院校

1. 青岛大学

青岛大学是一所综合性大学，学科门类丰富，师资力量雄厚。青岛大学在其国际经济与贸易专业下设置了跨境电商方向，课程体系全面系统，该方向的课程涵盖国际贸易理论、跨境电商实务、国际物流与供应链管理、跨境电商营销等多个关键领域。国际贸易理论课程教学生掌握扎实的经济学基础，让学生了解国际贸易的基本原理、政策和规则，为后续的跨境电商业务学习打下理论根基。跨境电商实务课程则注重实践操作，通过模拟真实的跨境电商平台操作，让学生掌握店铺搭建、商品上架、订单处理等基础技能。在模拟环境中，学生如同置身于真实的跨境电商业务场景，亲身体验从选品到销售的全过程。如在商品上架环节，学生需要根据市场调研和数据分析，选择有潜力的商品，并运用所学的图片处理方法和文案撰写技巧，优化商品详情页，提高商品的吸引力。国际物流与供应链管理课程重点讲解跨境物流流程、海外仓运营等知识，培养学生的跨境电商供应链管理能力。学生在学习跨境物流流程时，不仅要了解不同运输方式（如海运、空运、陆运）的特点和适用场景，还要掌握报关报检、国际货运代理等环节的操作要点。同时，通过对海外仓运营的学习，学生能够明白如何合理布局海外仓，提高库存周转率，降低物流成本。跨境电商营销课程则教授学生如何运用各种营销手段（如搜索引擎营销、社交媒体营销等）提高店铺的知名度和销售额。

其特色课程是"跨境电商营销案例分析"，该课程通过对实际案例的深入剖析，让学生了解不同类型的跨境电商企业在营销方面的方法和策略，学习如何根据市场需求和目标客户群体制定有效的营销方案。这种案例教学的方式能够让学生将理论知识与实际操作相结合，提高学生分析问题和解决问题的能力。

2. 青岛科技大学

青岛科技大学在化工领域具有传统优势，在跨境电商专业建设方面青岛科技大学进行了积极探索，其电子商务（跨境电商方向）专业已发展出自身特色。电子商务概论课程为学生介绍电子商务的基本概念、模式和发展趋势，让学生对电子商务有一个全面的了解。跨境电商平台运营课程详细讲解各大跨境电商平台（如亚马逊、速卖通等）的规则、操作流程和运营技巧，让学生掌握如何在平台上开展业务。跨境支付与结算课程则关注跨境交易中的支付方式和结算流程，让学生了解不同支付工具的特点和使用方法，以及如何处理跨境支付中存在的风险和问题。

其特色课程是"跨境电商数据分析与应用"，该课程培养学生运用数据分析工具对跨境电商平台上的数据进行收集、整理、分析和解读的能力。通过数据分析，学生可以了解市场需求、消费者行为和竞争对手情况，为企业决策提供支持。如学生可以通过分析销售数据了解哪些产品在哪些市场受欢迎，从而调整产品策略；学生还可以通过分析用户评价数据了解消费者满意度和需求痛点，从而改进产品和服务。

3. 青岛理工大学

青岛理工大学以工科见长，其国际商务（跨境电商方向）专业结合其工科的优势进行建设。国际商务谈判课程培养学生的谈判技巧和沟通能力，让学生在了解国际商务谈判的流程和策略的基础上能够在跨境交易中争取有利的条件。跨境电商英语课程则提高学生的英语水平，特别是商务英语的应用能力，让学生能够与国外客户进行有效的沟通和交流。跨境电商运营管理课程则关注跨境电商企业的整体运营和管理，包括市场定位、产品策略、营销策略、供应链管理等，培养学生的综合管理能力。

其特色课程是"跨境电商风险管理"，该课程让学生了解跨境电商业务中可能面临的各种风险，如市场风险、信用风险、物流风险、政策风险等，并学习如何识别、评估和应对这些风险。让学生明白只有不断提高企业的抗风险能力，才能保障企业的稳定发展。

4. 山东科技大学

山东科技大学在工科和矿业领域有深厚的底蕴，其市场营销（跨境电商方向）专业结合学校的优势学科设立。市场营销学课程教授学生市场营销的基本理论和方法，让学生了解市场需求、消费者行为和营销策略。跨境电商市场调研课程则教授学生如何进行市场调研，包括调研方法的选择、数据的收集和分析等，让学生能够了解市场动态和竞争对手情况，为企业的营销决策提供依据。跨境电商营销策划课程则培养学生的营销策划能力，让学生能够根据市场需求和企业目标，制定有效的营销策划方案。

其特色课程是"跨境电商品牌建设与推广"，该课程关注跨境电商企业的品牌建设和推广策略。学生在课程中学习如何打造具有国际影响力的品牌，包括品牌定位、品牌形象设计、品牌传播等。同时，学生还学习如何运用各种推广手段（如广告投放、社交媒体营销、口碑营销等）提高品牌的知名度和美誉度。

5. 青岛农业大学

青岛农业大学在农业领域具有传统优势，其物流管理（跨境电商物流方向）专业很有自己的特点。物流学概论课程为学生介绍物流的基本概念、功能和运作流程，让学生对物流行业有一个全面的了解。跨境物流实务课程则详细讲解跨境物流的特点和操作流程，包括国际运输、报关报检、仓储管理等。国际货运代理课程则培养学生的国际货运代理业务能力，让学生了解国际货运代理的业务范围和操作流程。

其特色课程是"跨境电商物流成本管理"，该课程让学生了解跨境电商物流成本的构成和影响因素，学习如何通过优化物流流程、选择合适的物流方式和合作伙伴等方法，降低物流成本，提高企业的经济效益。同时，该课程还关注农产品的物流特点，如保鲜、冷藏等，培养学生在农业跨境电商物流方面的专业能力。

6. 青岛黄海学院

青岛黄海学院作为民办本科高校，在跨境电商专业建设方面也不断努力，其电子商务（跨境电商方向）专业颇具特色。电子商务基础课程为学生搭建起电子商务领域的知识架构，使其了解电商行业的基本模式与发展态势。跨境电商平台运营课程通过实际的平台操作演练，让学生熟悉主流跨境电商平台的规则、功能及操作流程，掌握店铺开设、商品上架、订单处理等核心技能。跨境电商营销课程着重培养学生营销策划与推广能力，借助案例分析和模拟项目，让学生学会运用搜索引擎营销、社交媒体营销等手段提升店铺流量与商品销量。

其特色课程是"跨境电商运营实践"，该课程让学生在实际的跨境电商平台上进行运营操作，从店铺开设、产品上架到营销推广和客户服务，全程参与跨境电商业务的运营。实践课程帮助学生提高实际操作能力和问题解决能力，为今后工作打下坚实的基础。

7. 青岛滨海学院

青岛滨海学院积极响应市场需求，设置了电子商务（跨境电商方向）专业，为跨境电商行业培养专业人才。电子商务概论课程为学生介绍电了商务的基本概念、模式和发展趋势，让学生对电子商务有一个全面的了解。跨境电商运营课程则详细讲解跨境电商的运营流程和方法，包括市场分析、选品策略、店铺装修、营销推广等。跨境电商营销策划课程则培养学生的营销策划能力，让学生能够根据市场需求和企业目标，制定有效的营销策划方案。

其特色课程是"跨境电商综合训练"，该课程将跨境电商的各个环节进行整合，让学生在模拟的跨境电商企业环境中进行综合训练。学生需要完成市场调研、产品开发、店铺运营、客户服务等一系列任务，通过综合训练，提高自身的综合能力。

8. 青岛城市学院

青岛城市学院的跨境电子商务专业旨在培养具有创新精神和实践能力的跨境电商专业人才。管理学课程教授学生管理的基本理论和方法，让学生了解企业的组织架构和管理流程。信息技术课程则教授学生计算机技术、网络技术和数据库技术等方面的知识，让学生能够运用信息技术手段开展跨境电商业务。跨境电商营销推广课程则培养学生的营销推广能力，让学生能够运用各种营销手段，提高店铺的知名度和销售额。跨境电商视觉营销课程则关注跨境电商店铺的视觉设计和营销效果，让学生学习如何通过图片、视频等视觉元素吸引客户，提高客户的购买意愿。

其特色课程是"跨境电商客户服务、跨境电商物流、跨境电商数据分析"，该课程将跨境电商的客户服务、物流管理和数据分析等方面的知识进行整合，培养学生的综合能力。学生在课程中学习如何提供优质的客户服务、如何优化物流流程、如何运用数据分析工具进行市场分析和决策。

9. 青岛工学院

青岛工学院的电子商务（跨境电商方向）专业注重培养学生的实践能力和创新精神。电子商务基础课程教授学生电子商务的基本理论和技术知识，让学生对电子商务有一个初步的了解。跨境电商运营技巧课程则教授学生跨境电商平台的运营技巧和方法，如关键词优化、广告投放、客户服务等。跨境电商物流配送课程则关注跨境电商物流的特点和操作流程，让学生了解如何选择合适的物流方式和合作伙伴，提高物流配送效率。

其特色课程是"跨境电商实战业务训练"，该课程由学院与企业合作开展，让学生参与到实际的跨境电商项目中。学生在项目中会担任不同的角色，如运营专员、营销专员、客服专员等，通过实际业务操作，提高实践能力和解决问题的能力。

7.1.1.2　专科院校

1. 青岛职业技术学院

青岛职业技术学院是一所专科院校，其跨境电子商务专业课程体系更注重实践操作。除电商基础理论知识课程外，学院还设有跨境电商平台运营实训、跨境电商客服实训等课程。实训课程与企业实际业务紧密结合，让学生在真实的平台环境中进行运营操作，积累实践经验。在跨境电商平台运营实训中，学生需要负责运营一个真实的店铺，从店铺注册、装修到商品推广、销售，全程自主操作。通过与全球各地的消费者进行沟通和交易，学生们能够更好地了解国际市场需求和全球消费趋势，提升自己的业务能力。跨境电商客服实训课程则让学生模拟跨境电商客服工作场景，学习如何处理客户咨询、投诉和售后问题，提高学生的客户服务能力和沟通能力。

其特色课程是"跨境电商直播实战"，该课程紧跟行业发展趋势，培养学生的直播带货能力。学生在课程中学习策划直播活动、撰写直播脚本、进行产品展示和讲解、与观众互动等技能。通过直播实战课程的学习，学生可以掌握跨境电商直播的基本流程和工作方法，为今后从事跨境电商直播工作打下坚实的基础。

2. 青岛酒店管理职业技术学院

青岛酒店管理职业技术学院的电子商务（跨境电商方向）专业结合酒店管理设立。网络营销课程为学生介绍网络营销的基本概念、方法和策略，让学生了解如何运用互联网平台进行营销推广。跨境电商视觉设计课程则培养学生的视觉设计能力，让学生能够设计出吸引人的跨境电商店铺页面和产品图片。跨境电商客户关系管理课程则关注跨境电商企业的客户关系管理，让学生学习如何建立和维护良好的客户关系，提高客户的满意度和忠诚度。

其特色课程是"跨境电商选品与采购"，该课程让学生了解跨境电商选品的原则和方法，学习如何根据市场需求和竞争情况选择合适的产品。同时，还教学生如何进行采购谈判、如何进行供应商管理和采购成本控制等知识，提高学生的选品和采购能力。

3. 青岛港湾职业技术学院

青岛港湾职业技术学院的国际经济与贸易（跨境电商方向）专业在跨境物流和报关报检方面颇具特色。国际贸易实务课程教授学生国际贸易的基本业务流程和操作方法，让学生了解国际贸易中的合同签订、货物运输、保险、结算等流程。跨境电商报关报检课程则详细讲解跨境电商货物的报关报检流程和具体要求，让学生掌握报关报检的基本技能。跨境电商平台操作课程则让学生熟悉各大跨境电商平台的操作规则和流程，并能够在平台上开展业务。

其特色课程是"跨境电商国际结算"，该课程让学生了解跨境电商交易中的国际结算方式和工具，如信用证、托收、汇款等，学习如何处理国际结算中的风险和问题。通过国际结算课程的学习，学生可以学到如何提高企业的资金管理能力和风险防范能力。

4. 青岛远洋船员职业学院

青岛远洋船员职业学院在航海和物流领域具有优势，其电子商务（跨境电商方向）专业极具特色。电子商务基础课程教授学生电子商务的基本理论和技术知识，让学生对电子商务有一个初步的了解。跨境电商运营技巧课程则教授学生跨境电商平台的运营技巧和方法，如关键词优化、广告投放、客户服务等。跨境电商物流配送课程则关注跨境电商物流体系的特点和操作流程，让学生了解如何选择合适的物流方式和合作伙伴，提高物流配送效率。跨境电商运营数据分析课程教学生如何运用数据分析工具对跨境电商平台数据进行收集、整理、分析和解读。

其特色课程是"跨境电商运营数据分析",该课程教学生掌握数据分析的基本方法,让学生熟练使用数据分析工具(如 Excel、SQL、Python 等),运用数据分析技术解决跨境电商运营中的实际问题。如学生可以通过分析销售数据了解哪些产品在哪些市场受欢迎,从而调整产品策略;通过分析用户评价数据,了解消费者的满意度和需求痛点,从而改进产品和服务。

5. 山东外贸职业学院

山东外贸职业学院是一所专门培养外贸人才的院校,其跨境电子商务专业具有深厚的外贸底蕴。跨境电商概论课程为学生介绍跨境电商的基本概念、模式和发展趋势,让学生对跨境电商有一个全面的了解。跨境电商营销推广课程则培养学生的营销推广能力,让学生能够运用各种营销手段提高店铺的知名度和销售额。跨境电商供应链管理课程则关注跨境电商企业的供应链管理,让学生学习如何优化供应链流程,降低供应链成本,提高供应链的效率和灵活性。

其特色课程是"跨境电商法律法规",该课程通过让学生了解跨境电商领域的相关法律法规和政策(如国际贸易法、知识产权法、电子商务法等),学习如何在跨境电商业务中遵守法律法规、防范法律风险。

6. 青岛工程职业学院

青岛工程职业学院的电子商务(跨境电商方向)专业具有工程技术特色。网店运营课程为学生介绍网店的开设、装修、管理和产品推广等方面的知识和技能,让学生能够独立运营一个网店。跨境电商营销推广课程则培养学生的营销推广能力,让学生能够运用各种营销手段提高店铺的知名度和销售额。跨境电商仓储管理课程则关注跨境电商企业的仓储管理,让学生学习如何优化仓储布局、提高仓储利用率、降低仓储成本。

其特色课程是"跨境电商直播运营"，该课程让学生了解跨境电商直播的发展趋势和运营模式，学习如何策划直播活动、撰写直播脚本、进行产品展示和讲解、与观众互动等。通过直播运营课程的学习，学生可以掌握跨境电商直播的基本流程和方法，为今后从事跨境电商直播工作打下坚实的基础。

7. 青岛幼儿师范高等专科学校

青岛幼儿师范高等专科学校的电子商务（跨境电商方向）专业也有自己的特色。商务数据分析与应用课程教授学生数据分析的基本理论和方法，让学生了解如何运用数据分析工具对商务数据进行收集、整理、分析和解读。跨境电商客户服务课程则培养学生的客户服务能力，让学生学习如何处理客户咨询、投诉和售后问题，提高客户的满意度和忠诚度。跨境电商视觉营销课程则关注跨境电商店铺的视觉设计和营销效果，让学生学习如何通过图片、视频等视觉元素吸引客户，提高客户的购买意愿。

其特色课程是"跨境电商新媒体营销"，该课程让学生了解新媒体在跨境电商领域的应用与发展趋势。在当今数字化时代，新媒体已成为跨境电商营销的重要渠道。学生在课程中学习如何利用海外社交媒体平台（如 Facebook、Instagram、Twitter 等）开展营销活动，包括账号的创建与管理、内容的策划与制作、粉丝的吸纳与维护等。学生学习如何根据不同平台的用户特点和规则，制作具有吸引力的图文、视频内容，以吸引潜在客户的关注。同时，课程还会涉及新媒体营销的数据分析，让学生通过分析数据来评估营销效果，调整营销策略。这一新媒体营销课程助力学生发挥自身优势，为跨境电商的营销工作注入新的活力。

8. 青岛航空科技职业学院

学院的电子商务运营课程为学生构建电子商务运营的整体框架，包括市场分析、产品定位、运营策略等方面的知识。跨境电商平台推广课程专注于如何在各大跨境电商平台上提高店铺和产品的曝光度，如关键词优化、广告投放策略等。跨境电商物流管理课程结合学院航空科技背景设置，突出航空物流在跨境电商中的应用，让学生了解航空运输的特点、优势，以及相关的操作流程，如货物的打包、托运、报关等。同时，课程还涉及物流成本的控制和物流方案的优化，以及如何提高企业的物流效率和经济效益。

其特色课程"跨境电商移动商务应用"紧跟时代潮流。该课程主要教授学生如何开发和运营跨境电商移动应用（包括移动应用的设计理念、功能模块的搭建、用户体验的优化等），以及移动支付、移动营销等相关知识，使学生能够适应未来跨境电商市场的发展需求。

9. 青岛求实职业技术学院

电子商务概论课程为学生普及电子商务的基础理论知识，让学生了解电子商务的发展历程、商业模式和技术架构。跨境电商运营课程则深入讲解跨境电商的实际操作流程，包括店铺的运营管理、产品的选品与定价、订单的处理与商品配送等。跨境电商营销策划课程培养学生的营销策划能力，要求学生能够根据市场需求和企业目标制定全面的跨境电商营销策划方案。

其特色课程"跨境电商社交营销"关注社交网络在跨境电商营销中的作用。学生学习如何利用社交平台进行品牌推广、产品宣传和客户关系维护。如通过创建品牌社群、开展社交互动活动等方式，增强客户的黏性和忠诚度。同时，课程还会教授学生如何运用数据分析工具了解用户的兴趣和需求，为精准营销提供依据。这种社交营销课程使学生能够充分利用社交网络的力量，拓展跨境电商的营销渠道，提高营销效果。

10. 山东文化产业职业学院

电子商务运营基础课程教授学生电子商务运营的基本技能，如店铺的开设与装修、商品的上架与管理等。跨境新媒体文案创作课程培养学生撰写具有吸引力和感染力的跨境电商文案的能力，包括产品描述、广告文案、社交媒体文案等。跨境电商网页设计与制作课程则注重培养学生的网页设计和开发能力，让学生能够设计出符合品牌形象的跨境电商网页。

其特色课程"跨境平面设计项目实战"和"新媒体营销与推广"结合实际项目让学生在实践中提高自己的设计能力和营销能力。在跨境平面设计项目实战课程中，学生需要根据实际需求进行平面设计创作，如设计产品海报、宣传册、外包装等。在新媒体营销与推广课程中，学生要策划并执行新媒体营销活动，通过实际操作积累经验，提高解决实际问题的能力。

7.1.1.3　中职学校

1. 青岛财经职业学校

跨境电商基础课程为学生介绍跨境电商的基本概念、行业现状和发展趋势，让学生对跨境电商有一个初步的认识；商品拍摄与图片处理课程培养学生的商品拍摄技巧和图片处理能力，使学生能够拍摄出高质量的商品图片，并通过图像处理软件进行优化；跨境电商客服课程则让学生了解跨境电商客服的工作内容和流程，学习如何与客户进行有效的沟通和交流，处理客户的咨询和投诉。

其特色课程"跨境电商平台实操"让学生在真实的跨境电商平台上进行实际操作，从店铺的注册、商品的上架到订单的处理和客户服务，全程参与跨境电商业务的运营。通过平台实操课程，学生能够熟悉跨境电商平台的操作规则和流程，提高实际操作能力，为今后的就业打下坚实的基础。

2. 青岛商务学校

国际贸易基础课程教授学生国际贸易的基本理论和知识，包括国际贸易政策、贸易术语、贸易流程等；跨境电商英语课程提高学生的英语水平，特别是商务英语的应用能力，让学生能够与国外客户进行有效的沟通和交流；跨境电商运营课程则深入讲解跨境电商的运营管理，包括市场分析、选品策略、营销推广等方面的知识和技能。

其特色课程"跨境电商营销技巧"专注于培养学生的营销能力，让学生学习如何运用各种营销手段（如搜索引擎营销、社交媒体营销、电子邮件营销等）提高店铺的知名度和销售额。课程还会通过实际案例分析和模拟营销活动，让学生在实践中掌握营销技巧。

3. 青岛电子学校

电子商务基础课程为学生构建电子商务的基本框架，让学生了解电子商务的概念、模式和发展趋势；网络营销课程培养学生的网络营销能力，让学生学习如何在互联网平台上进行营销推广；跨境电商物流课程则关注跨境电商物流的特点和操作流程，让学生了解如何选择合适的物流方式和合作伙伴，提高物流配送效率。

其特色课程"跨境电商数据分析基础"为学生介绍数据分析的基本概念、方法和工具，让学生了解如何运用数据分析技术支持跨境电商的运营决策。学生学习如何收集、整理和分析跨境电商平台上的数据（如销售数据、用户数据、市场数据等），通过数据分析发现问题、寻找机会，为企业的运营、决策提供数据支持。

青岛市各层次院校积极响应跨境电商行业的发展需求，本科院校注重理论与实践结合，专科院校突出实践操作，中职学校着重基础技能培养。目前青岛已有众多院校开设跨境电商相关专业。此外，还有更多的院校正在陆续开设跨境电商相关专业，未来青岛跨境电商人才培养体系将更加完善。

7.1.2 师资力量与教学资源

在跨境电商行业迅猛发展的当下，人才培养已成为推动行业持续进步的核心动力，而师资力量与教学资源则是人才培养的关键要素。青岛市跨境电商人才培养正处于蓬勃发展阶段，各院校都非常重视师资队伍建设与教学资源投入。

7.1.2.1 师资力量现状

1. 积极引进与培养实战型教师

在青岛市跨境电商人才培养方面，各院校都非常重视师资队伍的建设，致力于引进和培养具备丰富跨境电商实战经验的教师。截至 2024 年，青岛市开设跨境电商相关专业的院校中，约有 30% 的院校已从企业聘请资深跨境电商从业者担任兼职教师。如青岛科技大学邀请某跨境电商企业的运营总监李明为学生授课。李明拥有超过 10 年的从业经验，在跨境电商领域具有深厚的专业积淀。他曾成功地将多个品牌在海外市场打造成知名品牌。如，在运作 HomeEase 智能家居品牌时，李明深入研究欧美市场需求，发现当地消费者对智能、便捷且环保的家居产品需求旺盛。他带领团队制定了精准的营销策略：在选品上，挑选具有智能控制、节能等特性的家居用品；包装设计采用欧美流行的简约风格，同时突出环保理念；营销推广方面，利用社交媒体平台、搜索引擎等多种渠道进行全方位推广。在运营的第一年，HomeEase 品牌的销售额就突破了 500 万美元，之后每年以 30% 的速度增长，目前 HomeEase 已成为欧美市场上颇具影响力的智能家居品牌。在另一个时尚品牌 StyleWave 的打造过程中，李明敏锐地捕捉到年轻消费者对快时尚和个性化的追求，带领团队快速更新产品款式，并推出个性化定制服务。团队与 Instagram、TikTok 等热门社交平台合作，开展时尚穿搭挑战、直播带货等活动，吸引大量年轻消费者的关注。在短短两年时间内，StyleWave 品牌在全球多个国家打开市场，年销售额达到 800 万美元，店铺好评率稳定在 90% 以上。李明在课堂上为学生们分享了大量行业最新动态和实战技巧，通过实际案例分析，让学生们深入了解如何在竞争激烈的跨境电商市场中有效提升店铺的销售额和口碑。

2. 鼓励教师提升专业水平

为提升教师的专业素养，青岛市各院校积极鼓励教师参加各类跨境电商培训和学术研讨会。据不完全统计，2023—2024 学年，青岛市跨境电商专业教师中，约有 70% 的人参加过至少一次由行业协会、知名企业举办的培训课程或研讨会。这些培训和研讨会为教师们提供了学习最新行业知识和技术的机会。在一场由青岛跨境电商协会精心筹备的培训课程上，来自亚马逊平台的专家林宇凭借其多年深耕电商平台的经验，为大家深入剖析了亚马逊最新的算法规则。他提到，亚马逊于 2024 年推出的基于大型语言模型（LLM）开发的新型人工智能算法 COSMO，已成为平台搜索结果排名的重要依据。COSMO 算法不再仅仅聚焦于传统的关键词匹配、销量和用户评价等因素，而是更注重通过分析用户的行为数据，挖掘用户的潜在购物意图，并构建以用户为中心的知识图谱。林宇举例说明，在过去依赖 A9 算法时，部分卖家单纯地通过堆砌关键词来提升搜索排名，虽然能获得一定流量，但用户进入店铺后转化率很低。现在，COSMO 算法的应用使得搜索结果更加精准，那些真正从用户体验出发、提供优质产品和服务的卖家，商品排名得到显著提升。同时，他还分享了应对新算法的运营技巧，比如卖家要更加注重产品详情页的内容质量，确保产品描述不仅包含精准的关键词，还要用简洁明了、富有吸引力的语言向用户传达产品的独特价值，以提升用户在店铺的停留时间和购买转化率。速卖通平台的专家王悦则针对速卖通平台的规则进行了分享。她介绍，自 2023 年 7 月 20 日起，速卖通平台分批对卖家进行了新店铺服务分考评切换。新规则下，考核指标发生了很多变化，如"5 天上网率"替换为"72 小时上网率"，"IM24 小时回复率"也纳入服务分考核，这些指标都与用户的购物体验紧密相关。还有物流上网率、好评率、SNAD（物品与描述不符）纠纷率等都直接关系到用户体验，商家必须重点关注。王悦强调，卖家要想在速卖通平台获得更好的发展，一方面要优化物流配送流程，确保商品能在 72 小时内上网，提高上网率；另一方面，要建立高效的客服团队，及时回复用户咨询，提升"IM24 小时回复率"，从而提升店铺服务分，获取更多平台推荐机会和活动参与资格。

参加培训的教师们表示，通过培训，他们不仅学到实用的知识，还与其他同行进行了深入的交流，拓宽了自己的视野。许多教师在培训后将所学知识融入教学中，丰富了教学内容，提高了教学质量。

7.1.2.2　教学资源现状

1. 实验室建设与投入

教学资源是教学质量的重要保障，各院校在教学资源建设方面持续加大投入，尤其值得一提的是实验室的建设。青岛理工大学投资 500 余万元建设了跨境电商综合实验室，实验室配备了先进的电商模拟软件和硬件设备。实验室占地面积达 1 000 余平方米，拥有 100 多台高性能计算机，都安装了 Shopee、Lazada 等多个主流跨境电商平台模拟软件，以及专业的数据分析软件 SPSS、Python 等。在这个实验室里，学生们可以模拟店铺运营、数据分析、营销推广等操作。通过模拟店铺运营，学生可以学习如何在不同的跨境电商平台上开设店铺、进行商品上架和下架管理、处理订单等；在数据分析环节，学生可以运用所学的数据分析知识，对模拟店铺的商品销售数据、用户行为数据等进行分析，从而制定更有效的运营策略；营销推广方面，学生可以尝试不同的营销手段，如搜索引擎营销、社交媒体营销等，观察营销效

果并进行优化。通过这些实践操作，学生能够加深对理论知识的理解，提高
实际操作能力。

2. 校外实习基地建设

除实验室建设，各院校还积极与跨境电商企业合作，建立校外实习基地。
截至 2024 年，青岛市各院校与超过 100 家跨境电商企业建立了实习合作关系，
为学生提供了丰富的实习和就业机会。这些实习基地涵盖不同规模和业务领
域的跨境电商企业，包括大型跨境电商平台企业、跨境电商品牌企业和跨境
电商服务企业。如青岛大学与海尔智家跨境电商部门合作建立了实习基地，
学生在实习期间可以参与海尔智家的海外市场拓展、跨境电商平台运营等核
心业务。一些企业还为学生提供实习补贴和项目奖金，激励学生积极参与。
据统计，约有 70% 的实习生获得了实习补贴，平均补贴金额为每月 2 000 元
左右；约有 30% 的学生参与了企业项目，并获得项目奖金，奖金金额根据项
目完成情况和个人表现而定，最高达 1 万元。

7.1.3　教学模式与人才培养

在跨境电商行业蓬勃发展的大背景下，青岛市各院校积极探索新的教育
教学模式与人才培养方式。

7.1.3.1　教学模式

项目式教学法在青岛市各院校跨境电商人才培养中应用广泛。许多院校
积极与本地跨境电商企业建立合作关系，将实际项目引入课堂。

山东科技大学与青岛当地颇具规模的跨境电商企业海创未来建立了深度
合作关系（该企业专注于电子产品的跨境销售，业务覆盖全球多个国家和地
区），双方合作开展的跨境电商营销项目，有效提升了学生的实操能力。项目
伊始，学生便组成多个调研小组，运用专业的调研方法深入了解目标市场。

如针对北美和欧洲市场，学生们通过线上问卷平台、实地走访展会等方式收集数据。借助数据分析工具，学生们发现北美消费者对智能穿戴设备的续航能力和个性化功能需求强烈；欧洲消费者则更注重产品的环保指标和外观设计。同时，学生们还对竞争对手的产品、营销策略进行了细致分析。调研结果出来后学生们开始着手制定产品的营销策略。关于店铺开设，有的小组将店铺定位为高端智能科技前沿店，聚焦具有创新性、高性能的智能穿戴设备，满足科技爱好者和高消费群体的需求；有的小组将店铺定位为平价实用电子产品大卖场，选取性价比高的基础款电子产品吸引追求实惠的消费者。产品定价方面，学生们综合考虑成本、市场需求和竞争因素，运用成本加成定价法、竞争导向定价法等制定出极具竞争力的价格体系。针对某一款具有独特健康监测功能的智能手环，学生们在成本核算的基础上，参考同类产品价格，并结合目标客户群体的价格敏感度，确定了合理的价格区间。在营销推广方面，学生们充分利用社交媒体营销、搜索引擎营销等手段开展工作。在Facebook、Instagram等平台上，学生们不仅制作精美的图片和视频展示产品的功能和使用场景，还邀请专业模特和科技博主进行产品展示和评测，吸引潜在客户。学生们通过优化搜索关键词（如针对智能手环设置"超长续航智能手环""健康监测智能手环"等热门关键词，并将其合理布局在产品标题、描述和详情页中），提高了店铺在搜索引擎上的排名。在模拟的跨境电商平台上，学生们按照真实的业务流程进行实践操作，全面实施营销方案，并运用数据分析工具对营销效果进行分析和评估。学生们还通过A/B测试，对比不同营销方案的效果，不断优化调整营销策略。如在社交媒体营销中，对比不同时间段发布内容的曝光量和互动率，找出最佳发布时间；在搜索引擎营销中，测试不同关键词出价和匹配方式对点击率和转化率的影响，优化关键词投放策略。

通过项目实践，学生们不仅将国际贸易理论、跨境电商营销、电子商务概论等课程中学到的理论知识应用到实际项目中，还锻炼了团队协作、沟通协调和解决实际问题的能力。据参与项目的学生反馈，在项目实施过程中，他们的团队沟通协作能力得到极大提升，个人解决问题的能力也有显著提高。

案例教学法是跨境电商教学中常用的方法，即教师们收集大量跨境电商行业的实际案例，在课堂上进行深入分析和讨论。如在讲解跨境电商物流管理时，教师就可以引入了真实案例。比如某企业在向欧洲市场配送货物时，由于物流渠道选择不当，导致货物运输时间过长，客户投诉率高达 30%；同时，由于仓储管理不善，商品库存积压严重，占用了大量资金。教师引导学生分析问题产生的原因，学生们从物流方式的选择、仓储管理的流程、库存控制方法等方面进行深入探讨。通过分析，学生们认识到在选择物流方式时，不仅要考虑成本，还要综合考虑运输时间、货物安全性等因素；在仓储管理方面，必须建立科学的库存管理系统，才能合理控制库存水平。通过案例教学，学生们能够更好地理解跨境电商业务中的实际问题，并提高分析和解决问题的能力。调查显示，90% 的学生认为案例教学法有助于他们理解复杂的跨境电商业务知识，85% 的学生表示通过案例学习，自己分析和解决问题的能力得到了提升。

随着信息技术的发展，线上线下混合式教学模式已在青岛市各院校的跨境电商人才培养中得到广泛应用。各院校利用在线教学平台（如中国大学MOOC、学堂在线等）为学生提供丰富的学习资源。这些资源包括教学视频、在线测试、案例库等。青岛黄海学院引入多门知名高校的跨境电商精品课程，涵盖跨境电商运营、跨境物流管理、跨境电商营销等多个核心领域。学生们通过这些课程，不仅能接触到前沿的理论知识，还能了解行业最新案例。如在跨境电商运营课程中，学生们通过观看知名教授的讲解视频，深入理解跨境电商平台的底层算法逻辑，学习如何优化店铺页面以提升搜索排名。在学银在线平台上，青岛黄海学院的教师团队自主上传了许多具有针对性的教学视频，这些视频结合本地跨境电商企业的实际运营案例，将抽象的理论知识具象化。比如在讲解跨境电商营销时，教师以青岛当地成功出海的服装企业为例，详细剖析该企业如何利用社交媒体平台进行精准营销，从市场定位、目标客户群体分析到营销内容制作、投放等，一步步拆解，让学生们更直观地理解理论知识在实际工作中的应用。同时，学银在线的在线测试系统会为学生提供实时反馈。学生完成课程学习后，可以通过在线测试检验自己的学习成果，系统会自动生成错题分析报告，帮助学生找出知识薄弱点。如在学习完跨境物流管理课程后，学生通过在线测试发现自己对不同物流线路的成本核算和时效分析掌握不足，可以有针对性地复习相关知识点，大大提高了学习效率。青岛黄海学院还建立了丰富的案例库，收录大量国内外跨境电商企业的成功与失败案例。学生可以在课外自主学习这些案例，完成在线作业和测试。在课堂上，教师会挑选典型案例进行深入分析和讨论。比如在一次关于跨境电商客户服务的课堂讨论中，教师以海韵贸易跨境电商企业因客户服务不到位导致客户流失的案例为切入点，引导学生分组讨论如何提升客户服务质量。学生们各抒己见，从客服人员的培训、沟通技巧、投诉处理流程等方面提出自己的见解，教师对各小组的观点进行点评和总结，加深学生对知识的理解。据统计，采用线上线下混合式教学模式后，学生的课程通过率提高了18%，学生对教学的满意度达到90%。许多学生表示，线上丰富的学习资源让他们可以根据自己的学习进度和需求进行自主学习，线下课堂的互动交流则让他们有机会与教师和同学深入探讨问题，加深对知识的理解和掌握。

为让学生更好地接触实际工作环境，青岛市各院校积极与跨境电商企业合作，建立实践教学基地。截至目前，青岛市开设跨境电商相关专业的院校已与超过150家跨境电商企业建立了合作关系，建立了80余个实践教学基地。如青岛职业技术学院与亚马逊、速卖通等知名跨境电商平台合作，建立了跨境电商实践教学基地。在实践教学基地中，学生能够参与到实际的跨境电商业务中：如在店铺运营方面，负责店铺的日常管理，包括商品上架、下架、库存管理等；在客户服务方面，及时回复客户的咨询和投诉，解决客户问题；在营销推广方面，参与制定和实施营销推广方案，提高店铺的知名度和销售额。通过在实践教学基地的学习，学生能够将所学知识与实际工作相结合，提高自己的实践能力和职业素养。据调查，在实践教学基地实习过的学生，毕业后进入跨境电商企业工作时，能够更快地适应工作岗位。

各院校积极探索产教融合教学模式，将教学与产业实践紧密结合，为学生提供更贴合行业需求的教育，培养具备创新能力和实践能力的高素质人才。青岛工学院与胶州市商务局、雨果跨境（厦门）科技有限公司等合作开设跨境电商卓越人才班，该项目目前已成功举办两期。该班采用系统化理论与实践相结合的教学模式，不仅传授跨境电商基础理论知识，还通过实际项目操作、案例分析等方式，让学生在实践中积累经验，提升专业技能。这种教学模式培养的学生在全国大学生跨境电商大赛等赛事中脱颖而出，取得了优异成绩。同时，青岛工学院还与上合示范区管委会、胶州市商务局等政府部门，以及上合特色商品馆、胶州跨境电商产业园等诸多驻地电子商务企业深度合作，共建"跨境电商产业园"。在这个产业园中，学生可以参与直播电商和跨境电商实战业务，在真实的商业环境中锻炼自己，学院也借此探索出一条行之有效的电子商务专业应用型人才培养模式，为跨境电商行业输送了大量优秀人才。

部分院校积极探索产学研一体化教学模式，将教学、科研和生产实践紧密结合。青岛大学跨境电商研究团队与当地多家跨境电商企业合作，开展了一系列科研项目。在研究跨境电商供应链优化问题时，研究团队深入企业调研，了解企业在供应链管理中存在的问题，运用先进的信息技术和管理方法提出优化方案。在教学过程中，教师将科研成果融入教学内容，让学生了解行业最新研究动态和前沿技术成果。同时，学生也可以参与到科研项目中，锻炼自己的科研能力和创新能力。例如，在跨境电商大数据分析课程中，教师以科研项目中的实际数据为案例，讲解数据分析的方法和技巧，学生在学习过程中，不仅掌握了数据分析的理论知识，还能够运用所学方法对实际数据进行分析，为企业提供决策支持。通过产学研一体化教学模式，院校不仅为企业提供技术支持，还培养出具有创新能力和实践能力的高素质人才。

7.1.3.2　人才培养现状

1. 就业情况

在青岛市，跨境电商相关专业的毕业生就业情况十分喜人。据调研统计，青岛市跨境电商相关专业的毕业生就业率达到 92% 以上，其中大部分毕业生进入跨境电商企业，从事运营、营销、物流等相关工作。

在运营岗位上，毕业生主要负责跨境电商店铺的日常运营管理，包括店铺的规划、商品的上架与下架、订单的处理等。许多毕业生在入职后就能迅速适应工作环境，运用所学知识和技能提升店铺的运营效率和销售额。如青岛黄海学院的毕业生王悦在入职一家主营户外用品的跨境电商企业后，凭借在学校所学的专业知识和敏锐的市场洞察力，对店铺运营进行了一系列卓有成效的优化。刚接手店铺时，王悦发现店铺页面设计风格杂乱，产品展示缺乏吸引力，难以激发消费者的购买欲望。于是，她重新梳理店铺的装修风格，结合目标市场消费者对户外探险的热爱和追求时尚的特点，选用大胆的色彩搭配和高清的产品图片，突出产品在户外场景中的使用效果。同时，她还优化了页面布局，将热门产品和新品放在显眼位置，以吸引消费者注意。在商品定价策略上，王悦深入分析市场行情和竞争对手的价格体系。她发现，部分产品因定价过高在市场上缺乏竞争力，而另一些产品虽然销量不错，但因为定价过低利润微薄。针对这些问题，她运用弹性价格策略，根据不同产品的特点和市场需求，制定了差异化的定价机制。对于市场需求较大、竞争激烈的产品，适当降低价格，以吸引更多消费者，提高市场占有率；对于具有独特功能和设计的高端产品，则提高价格，突出产品的品质和价值。此外，王悦还密切关注市场动态和消费者反馈，及时调整商品库存。通过这些努力，店铺的月销售额在半年内增长了 30%，王悦的做法也得到了企业的认可。

在营销岗位上，毕业生主要负责跨境电商企业的市场推广和品牌建设。他们运用社交媒体营销、搜索引擎营销、内容营销等多种手段，提高企业的品牌知名度和产品销量。青岛理工大学毕业生林宇在毕业后进入了一家专注于打造时尚饰品品牌的跨境电商企业。入职时，企业产品虽独具特色，但在竞争激烈的海外市场销量平平。林宇深知营销推广对于产品销售的重要性，他凭借在学校跨境电商专业所学的知识，以及对海外市场的深入了解，决定通过与海外知名博主合作进行品牌推广活动来打开市场。林宇首先对企业的时尚饰品进行了细致分析，明确了产品的独特卖点。随后，他通过专业的数据分析平台，筛选出在欧美时尚领域具有较大影响力的博主。这些博主粉丝群体主要为追求时尚潮流的年轻女性，与企业产品的目标客户群体高度契合。在与博主沟通时，林宇精心准备产品资料和合作方案，向博主详细介绍产品的设计理念、材质，以及制作工艺，并为博主提供个性化的合作建议，如根据博主的风格特点，设计专属的饰品搭配方案，让博主在日常视频中自然融入产品展示。在推广活动中，博主们根据与林宇商定的方案，制作了一系列精彩的视频内容。有的博主分享自己佩戴品牌时尚饰品参加派对的经历，展示饰品在不同场合下的搭配效果；有的博主制作饰品搭配教程，详细介绍如何用品牌饰品打造时尚造型。这些视频在 Instagram、TikTok 等平台发布后，迅速引发粉丝关注和讨论。短短一个月时间内，品牌产品的曝光量大幅提升。粉丝们被博主展示的时尚饰品所吸引，纷纷前往品牌的跨境电商店铺咨询和购买。通过这次与海外知名博主的合作推广活动，品牌产品的销量在一个月内增长了50%，店铺的知名度和口碑也得到显著提升。林宇的成功，不仅为企业带来可观的经济效益，也为公司后续的营销推广积累了宝贵经验，更为青岛理工大学跨境电商专业人才培养成果提供了有力的证明。

在物流岗位上，毕业生主要负责跨境电商物流的规划、组织和管理。他们需要选择合适的物流方式，优化物流配送流程，降低物流成本。青岛农业大学的毕业生刘阳在一家跨境电商物流企业工作。刚入职时，他发现企业物流路线规划存在不合理之处，部分货物运输路线迂回，导致运输时间过长且成本高；同时仓储也较为混乱，货物堆放缺乏规划，造成了空间浪费而且货物查找困难。刘阳运用在学校学到的物流管理知识，结合企业实际情况，对物流路线进行了重新规划。他借助大数据分析工具，综合考虑货物的目的地分布、运输时效要求，以及不同运输方式的成本，筛选出最优的运输路线组合。例如，对于运往欧洲的货物，他通过对比不同货代公司的报价和运输时效，选择了一条先通过海运到欧洲主要港口，再通过当地优质的陆运公司进行配送的路线，避免以往多次中转造成的时间延误和成本增加。在仓储空间优化方面，刘阳引入先进的仓储管理理念和方法。他根据货物的种类、体积、重量，以及出入库频率，对仓库进行分区管理，将常用货物和季节性货物分别放置在不同区域，方便快速取货和补货，同时，他还设计了一套立体存储方案，充分利用货架高度，提高货物的存储密度。此外，他还建立了一套货物库存管理系统，实时监控货物的库存数量和位置，实现了货物库存的精准管理。这一系列措施使得企业的物流成本降低了20%，且运输效率显著提高，货物的破损率也有所降低。企业对刘阳的工作成果给予高度评价，他的优化方案不仅为企业节省了成本，还提升了企业在跨境电商物流市场的竞争力。

2. 学科竞赛

近年来，青岛市跨境电商相关专业的学生在各类学科竞赛中屡获佳绩。在全国大学生跨境电商创新创业大赛中，青岛科技大学的学生团队凭借其创新的跨境电商项目，获得一等奖。该团队针对东南亚市场开发了一款极具特色的母婴产品跨境电商平台。团队成员通过市场调研了解到东南亚地区母婴产品需求旺盛，但市场上缺乏提供高品质、个性化母婴产品的平台。团队开发的平台整合了优质的母婴产品供应商，提供丰富多样的产品选择，同时注重产品的品质和安全性。在营销策略上，他们利用社交媒体平台进行精准营销，与当地的母婴博主合作，开展产品试用和推荐活动，吸引了大量用户关注。通过创新的商业模式和营销策略，该项目赢得了评委的高度认可。

在山东省跨境电商职业技能大赛中，青岛职业技术学院的学生团队获得二等奖。他们在比赛中展现出扎实的跨境电商专业知识和实践技能，在店铺运营、客户服务、营销推广等环节表现出色。据统计，青岛市跨境电商相关专业的学生在各类省级以上学科竞赛中获奖数量逐年增加，从 2018 年的 10项增长到 2023 年的 35 项。

3. 创业情况

随着跨境电商行业的发展，越来越多的青岛市跨境电商相关专业的学生选择创业。据不完全统计，青岛市跨境电商相关专业毕业生的创业率在 8%左右。

青岛滨海学院商学院毕业生李华毕业后凭借在校积累的专业知识与实践经验，开启了自己的跨境电商创业之旅。在校期间，李华积极参与各类外贸实践活动，多次参加学校组织的跨境电商模拟运营比赛，还利用假期到本地跨境电商企业实习，积累了丰富的行业经验。毕业后，他发现东南亚地区中国特色家居用品需求旺盛，而市场上专注于这一细分领域的跨境电商企业较少。李华抓住这一商机，创办了自己的跨境电商公司，专注于将中国传统工艺与现代设计相结合的家居用品出口到东南亚。创业初期，他亲自挑选产品，与国内优质供应商建立合作，确保产品品质。在店铺运营方面，他利用所学的电商知识，优化店铺页面，精准设置关键词，提高店铺在东南亚主流电商平台的搜索排名。为拓展市场，李华积极参加各类跨境电商展会，与当地经销商建立联系。同时，他利用社交媒体平台，与东南亚当地的家居博主合作，进行产品推广。通过展示产品的独特设计和实用性，店铺吸引了大量当地消费者的关注。尽管创业过程中遇到了很多难题，但李华凭借在学校学到的知识不断调整策略。经过多年努力，公司年销售额突破了 1 000 万元。

还有一些学生选择与他人合作创业，共同打造跨境电商品牌。青岛科技大学的张阳、李悦和王宇三名毕业生，凭借对跨境电商行业的敏锐洞察和对服装设计的热爱，共同创办了跨境电商服装品牌 OceanStyle。创业初期，他们就决心打造独特的品牌形象，从产品设计、生产到销售，全流程自主运营。在产品设计环节，三人充分发挥各自的专业优势。张阳曾在服装设计大赛中多次获奖，擅长捕捉国际时尚潮流趋势，他负责把控设计方向，将当下流行的元素与品牌结合，设计出一系列兼具时尚感与实用性的服装。李悦则凭借在面料研究方面的专长，严格筛选优质面料供应商，确保服装不仅外观精美，穿着体验也十分舒适。王宇利用自己在数据分析方面的技能，对目标市场的消费者偏好进行深入分析，为设计提供数据支持，确保设计出的服装能够精准满足海外消费者的需求。生产过程中，他们秉持对品质的严格要求，与国内优质服装生产厂商建立了长期合作关系，从面料采购、裁剪缝制到质量检测，每个环节都严格把关，确保每一件服装都符合质量标准。销售方面，他们制定了独特的营销策略。李悦负责社交媒体平台 Instagram 和 TikTok 的账号运营，定期在品牌账号上发布精美的服装穿搭图片和视频，展示服装在不同场景下的穿着效果，吸引大量海外粉丝关注，同时积极与海外知名时尚博主合作，邀请博主试穿品牌服装并进行推荐，借助博主的影响力提升品牌知名度。张阳负责优化品牌在跨境电商平台上的店铺运营，通过精准的关键词设置和优质的产品展示，提高店铺在平台上的搜索排名，吸引更多潜在客户。王宇则专注于客户关系管理，通过提供优质的客户服务，如快速响应客户咨询、高效处理售后问题等，提升客户满意度和忠诚度。通过不断努力，OceanStyle 品牌在海外市场逐渐崭露头角，产品畅销美国、英国、法国、日本等多个国家和地区。如今，他们的品牌已经在跨境电商服装领域站稳脚跟，未来还计划进一步拓展产品线，提升品牌影响力，向着更高的目标迈进。

综上所述，青岛市各院校在跨境电商教学模式创新和人才培养方面取得了显著成果。通过多样化的教学模式，各院校培养出大量具有实践能力和创新精神的跨境电商专业人才，为青岛市跨境电商行业的发展提供有力的人才支持。未来，随着跨境电商行业的不断发展，青岛市各院校将继续探索创新教学模式，不断提升人才培养质量，为行业培养更多高素质专业人才。

7.2　企业跨境电商人才培养体系

青岛市跨境电商企业深刻认识到人才是企业发展的核心驱动力，而有效的培训体系则是提升人才素质的关键。因此，青岛市各类跨境电商企业积极构建和完善培训体系，以满足企业发展的需求。

7.2.1　内部培训体系

多数青岛市跨境电商企业都建立了内部培训体系。

7.2.1.1　大型企业培训体系

青岛海尔智家跨境电商部门的内部培训体系堪称行业典范。该部门拥有一支由行业资深专家和内部业务骨干组成的专业培训团队，他们具备丰富的跨境电商实战经验和专业知识，能够根据企业战略和员工需求，量身定制培训课程。新员工入职时，公司会安排为期一个月的基础培训，这一个月的培训犹如为新员工搭建起进入跨境电商领域的坚实阶梯。在公司文化培训环节，通过一系列的讲座、实地参观，以及与公司高层的交流等活动，新员工将深入了解海尔智家从创立之初到如今成为全球知名品牌的辉煌发展历程，深刻领会其"创新、诚信、共赢"的企业文化。许多新员工在培训后表示，对企业的认同感和归属感增强，更有动力为企业的发展贡献力量。

跨境电商行业基础知识培训则采用理论与案例相结合的方式，让新员工对跨境电商的发展趋势、政策法规、市场格局等有全面且深入的了解。培训讲师不仅详细讲解跨境电商从萌芽到蓬勃发展的历程，还结合实际案例（如亚马逊平台的崛起、速卖通在新兴市场的拓展等），让新员工清晰认识到行业的发展脉络。在政策法规讲解方面，培训讲师会解读最新的跨境电商税收政策、进出口监管政策等，使新员工明白合规运营的重要性。

平台操作规范培训则注重实践操作。在专门的培训实验室中，新员工通过模拟真实的跨境电商平台操作环境，熟悉亚马逊、速卖通等跨境电商平台的操作流程和运营规则。培训讲师会在一旁进行指导，及时纠正错误操作，确保新员工熟练掌握平台操作技巧。在员工成长过程中，海尔智家跨境电商部门根据不同岗位需求，提供极具针对性的进阶培训。以运营岗位的数据分析培训为例，培训内容既有基础的数据收集与整理，也有进阶的运用专业数据分析工具（如 Excel 高级功能、Python 数据处理库等）进行深度数据分析。运营人员通过学习，能够对商品销售数据、用户行为数据、市场竞争数据等进行全面分析，从而制定更加精准的运营策略。例如，运营人员在对用户行为数据进行分析时发现某类产品在特定时间段的浏览量和加购率较高，但转化率较低，便可以针对性地优化产品页面、调整价格策略或开展促销活动，提高转化率。

营销岗位的社交媒体营销培训同样精彩，培训内容包括海外社交媒体平台的特点分析、营销策略制定、内容创作技巧，以及广告投放策略等。营销人员学习如何制作吸引人的社交媒体内容（如制作精美的图片、生动有趣的视频等），以吸引目标客户的关注。在社交媒体广告投放方面，培训讲师会详细讲解 Facebook、Instagram 等平台的广告投放机制和优化技巧，帮助营销人员提高广告投放的效果和回报率。

通过内部培训，海尔智家跨境电商部门员工的工作效率得到显著提升。据调查，经过培训的员工工作效率平均提升了 20%，这一数据直观地反映出内部培训的有效性。

7.2.1.2　中小企业培训体系

青岛海通商贸有限公司作为一家中型跨境电商企业，虽然在培训资源方面不如大型企业，但始终致力于完善内部培训体系，提升员工的专业素养与业务能力。公司定期邀请行业专家进行线上或线下培训，内容紧密围绕跨境电商行业热点展开，如政策解读、市场趋势分析、新兴技术应用等。在一次线上培训中，行业专家对最新的跨境电商税收政策进行了详细解读，并结合海贸通的实际业务，分析了政策调整可能对公司成本和利润的影响，提出了合理的税务筹划建议。公司员工通过此次培训，对政策理解更为深入，并及时调整了业务策略，避免了政策变化带来的风险。

同时，公司内部定期开展"导师带徒"活动，由经验丰富的员工担任导师，导师根据徒弟个人特点和工岗位需求，制订个性化培养计划。导师定期与新员工一对一沟通交流，解答工作问题，分享工作经验和技巧。在店铺运营方面，导师向新员工传授优化店铺页面、提高产品曝光度的经验；客户服务方面，导师教导新员工如何与客户进行有效沟通，提高客户满意度。据统计，参与"导师带徒"活动的新员工，入职前三个月工作失误率降低了 30%，工作效率提高了 25%。为进一步提升培训效果，海贸通建立了内部培训评估机制，每次培训结束后，组织员工对培训内容等进行评价，收集反馈意见，不断改进培训工作。同时，公司还对员工培训后的工作表现进行跟踪评估，将培训效果与绩效考核挂钩，激励员工积极参与培训，提升自身能力。

7.2.1.3 不同规模企业内部培训投入对比

从青岛市不同规模跨境电商企业内部培训投入对比数据（见表 7-2）可以看出，企业规模与培训投入之间存在一定的关联。大型企业凭借雄厚的资金实力和丰富的资源，在年度培训预算和人均培训时长方面都占据优势。大型企业的年度培训预算高达 100 万元，人均培训时长达 80 小时 / 年，且培训方式以内部培训为主（占比 70%）、外部培训为辅（占比 30%）。这是因为大型企业拥有完善的内部培训体系和专业的培训团队，能够满足大部分员工的培训需求。

表 7-2　青岛市不同规模跨境电商企业内部培训投入对比

企业规模	年度培训预算	人均培训时长	培训方式（内部 / 外部占比）
大型企业	100 万元	80 小时 / 年	内部 70%，外部 30%
中型企业	30 万元	50 小时 / 年	内部 60%，外部 40%
小型企业	10 万元	30 小时 / 年	内部 80%，外部 20%

中型企业的年度培训预算为 30 万元，人均培训时长为 50 小时 / 年，内部培训占比 60%，外部培训占比 40%。中型企业在培训投入上比大型企业少，但也在积极寻求内外部培训资源的平衡。它们通过邀请外部专家的方式弥补内部培训资源不足的问题，同时充分利用内部"导师带徒"等活动，发挥内部员工的经验优势。

小型企业的年度培训预算仅为 10 万元，人均培训时长为 30 小时 / 年，内部培训占比 80%，外部培训占比 20%。小型企业由于资金和资源有限，更侧重于内部培训，通过内部员工之间的经验分享和交流，提升员工的业务能力。虽然小型企业的培训投入相对较少，但它们也在努力寻找适合自身发展的培训方式，如利用线上资源培训、参加行业协会组织的免费培训活动等。

7.2.2　外部培训

7.2.2.1　专业培训机构培训

除内部培训外，青岛市跨境电商企业积极组织员工参加外部培训，以获取更广泛的行业知识和先进经验。如青岛跨境电商协会组织的跨境电商高级运营培训课程在行业内就具有较高的知名度和影响力，许多企业报名参加。跨境电商高级运营培训课程内容丰富全面，涵盖跨境电商平台算法优化、海外市场拓展、客户关系管理等多个核心领域。在跨境电商平台算法优化培训中，培训讲师深入讲解亚马逊、速卖通等平台的搜索算法原理和排名规则，并分析如何通过优化商品标题、搜索关键词、商品描述等来提高产品的搜索排名和曝光率。如通过对关键词的精准选择和持续优化，某企业的产品在亚马逊平台上的搜索排名提升了 20 位，产品曝光率提高了 30%，订单量也随之大幅增长。

海外市场拓展培训则帮助员工深入了解不同国家和地区的市场特点和居民消费习惯，以制定适合当地市场的拓展策略。培训讲师会详细分析欧美、东南亚、中东等地区的市场需求、文化差异、消费者偏好等；员工通过培训学习，能够了解不同市场的特点，从而调整产品定位、定价策略和营销方式。如海贸通公司在了解到东南亚市场对价格较为敏感，且消费者更倾向于通过社交媒体了解商品信息后，果断调整产品定价，推出更多高性价比的产品，并加大在 Facebook、TikTok 等社交媒体平台上的营销投入，成功开拓东南亚市场，销售额在半年内增长了 50%。

调研统计显示，青岛市约 70% 的跨境电商企业每年会组织员工参加至少一次外部培训，这充分表明外部培训在企业人才培养中的重要地位。许多企业表示，通过参加外部培训，员工的专业知识和技能得到了显著提升，为企业的发展注入了新的活力。

7.2.2.2　行业研讨会和展会

行业研讨会和展会为行业从业人员提供一个了解行业最新动态、学习先进经验、拓展人脉资源的平台。很多企业鼓励员工参会，因为在参加展会的过程中，员工不仅能了解行业最新的产品和技术，还能与同行交流，拓宽视野。如在参加广交会跨境电商专区后，青岛某科技公司的市场人员获得了新的市场拓展思路。在展会上，该市场人员与来自不同国家和地区的企业代表进行了深入交流，了解到一些新兴市场的需求和趋势。回国后，他结合企业的实际情况，制定了针对这些新兴市场的拓展策略。通过与当地的经销商合作开展线上线下相结合的营销活动，公司成功开拓了新的海外市场，为企业带来了新的增长点，企业在新市场的销售额在一年内就达到了 200 万元。

7.2.2.3　外部培训面临的问题

然而，企业在组织员工参加外部培训时，也面临一些问题。

首先，外部培训的质量参差不齐，部分培训机构的培训内容与企业实际需求脱节，导致培训效果不佳。一些培训机构为追求经济效益，盲目开设课程，没有对企业的需求进行深入调研，培训内容缺乏针对性和实用性。如青岛某贸易公司为提升团队营销能力组织员工参加了一个跨境电商营销培训课程。培训课程中，讲师花费了大量时间讲解传统营销理论在跨境电商中的应用，以及传统广告投放策略。培训结束后，员工们反馈，虽然传统营销理论有一定价值，但与日常工作关联不大。

其次，培训费用较高。一些高级培训课程的费用动辄数万元，这对资金相对紧张的中小企业来说，是很大的成本。青岛瑞佳达跨境电商运营有限公司是一家中型规模的企业，主要业务是将中国的特色工艺品销往海外市场。随着跨境电商行业的快速发展和市场竞争的日益激烈，瑞丰达意识到提升员工跨境电商运营能力的紧迫性。为让团队掌握更先进的运营技巧，企业决定组织员工参加一个跨境电商高级运营培训课程。这个培训课程号称邀请行业资深专家授课，内容涵盖跨境电商平台的深度运营技巧、精准营销策略，以及最新的行业趋势解读等。然而，课程费用却让瑞佳达的管理层感到压力巨大（每人 1 万元），若企业安排 10 名核心员工参加，仅培训费用就高达 10 万元。对于瑞佳达这样的中型企业来说，10 万元的培训支出相当于企业一个月的运营成本。这意味着企业需要在其他方面削减开支才能承担这笔培训费用。高昂的培训费用使得瑞佳达在参加外部培训这件事上变得谨慎，原本计划参加的多个类似高级培训课程，也因费用问题而搁置。这在一定程度上影响了企业通过外部培训快速提升员工能力的计划。

为解决这些问题，青岛市跨境电商协会等行业组织积极发挥作用，加强对培训机构的监管和评估，建立培训质量反馈机制，引导培训机构提高培训质量。同时，行业组织也在积极协调各方资源，争取为中小企业提供更多的培训优惠政策，降低中小企业参加外部培训的成本。如青岛市跨境电商协会与新东方在线、跨境电商精英培训学院、海贸云商等培训机构合作，为中小企业提供团购培训课程优惠。

综上所述，青岛市跨境电商企业在人才培养方面，通过内部培训和外部培训相结合的方式，不断提升员工的专业素养和业务能力。随着企业对培训的重视程度不断提高，以及行业组织的积极引导和支持，青岛市跨境电商企业的培训体系将不断完善，为企业的发展提供更有力的人才支持。

第 8 章 面临的问题与挑战

8.1 人才培养与市场需求匹配问题

在全球经济一体化和互联网技术飞速发展的背景下，跨境电商行业呈现出迅猛发展的态势。2024 年中国跨境电商新业态全年进出口额达到 26 300 亿元，同比增长 10.8%。行业的蓬勃发展催生了大量的人才需求，但人才供给端却难以匹配市场多元化的需求，人才培养与市场需求的矛盾不断加剧。

8.1.1 人才缺口巨大

中国电子商务研究中心调查显示，2024 年我国跨境电商人才缺口已超500 万人，且呈持续扩大趋势。

8.1.1.1 人才缺口在中小企业的直观体现

人才缺口巨大的问题在中小企业中表现得尤为明显。许多中小企业在招聘跨境电商运营、营销等岗位人才时，常常面临招聘周期长、难以招到合适的人才的困境（见表 8-1）。

表 8-1　青岛市部分中小企业招聘情况

调查项目	占比
招聘周期超过 3 个月	45%
因人才短缺影响业务拓展	60%
招聘成本增加	70%

在招聘周期方面，45% 的中小企业表示招聘周期超过 3 个月。青岛某跨境电商公司在招聘跨境电商运营专员时，从发布招聘信息到最终确定合适人选，平均耗时 3.5 个月。在漫长的招聘过程中，企业人力资源部门投入了大量的时间和精力，包括筛选简历、组织面试、背景调查等。长时间招不到人导致企业业务进展缓慢，多次错失市场机会。

在业务拓展方面，60% 的中小企业因人才短缺影响了业务拓展。青岛某科技公司由于缺乏专业的跨境电商营销人才，一直无法有效地开展海外市场推广活动。企业虽然拥有优质的产品，但在国际市场上的知名度和产品销量一直不理想。企业原本计划在一年内开拓 3 ～ 5 个新的海外市场，但由于人才短缺，最终只成功进入了 1 个海外市场，严重阻碍了企业的发展。

在招聘成本方面，70% 的中小企业表示招聘成本越来越高。这其中包括招聘平台的会员费用、猎头费用、招聘人员的时间成本，以及为吸引人才而提供的额外福利等。

8.1.1.2　人才短缺对中小企业的深度影响

1. 业务运营层面

人才短缺使得中小企业在日常运营中面临诸多挑战。

在跨境电商平台运营方面，缺乏专业的运营人才是导致店铺运营效率低下的主要原因。某些小公司因运营人员不到位，店铺页面长期得不到有效优化，产品图片粗糙、排版杂乱，商品描述也很简单，这使得消费者进入店铺后，很难快速找到心仪的商品，更难以产生购买欲望。

同时，缺乏专业运营人才还导致企业无法有效运用平台的营销工具。在亚马逊平台，广告投放是提升产品曝光率的重要手段，但一些小公司由于无人精通亚马逊平台的广告投放技巧，盲目设置关键词和出价，导致广告费大增但产品销售不见起色。

2. 企业战略发展层面

从企业战略发展的角度来看，人才短缺严重束缚了中小企业的扩张步伐。许多中小企业雄心勃勃地制定了海外市场拓展计划，但由于缺乏熟悉海外市场、具备跨文化沟通能力和国际市场营销经验的人才，计划只能被搁置或推迟。

3. 企业创新层面

人才是企业创新的核心驱动力，在跨境电商行业，创新能力对于企业发展至关重要。然而，人才短缺，特别是技术人才和创新型人才的短缺使得中小企业在创新方面举步维艰。企业在产品研发、网店运营、营销推广等方面都需要补充大量有创新能力的人才。

8.1.1.3 人才缺口巨大的深层原因

1. 行业发展速度过快

近年来，跨境电商行业呈现出爆发式增长的态势。海关总署发布的最新数据显示，2024 年中国跨境电商新业态全年进出口总额达到 26 300 亿元，同比增长 10.8%。跨境电商行业规模持续扩大，人才的需求急剧攀升。从运营、营销、客服到供应链管理、数据分析，整个产业链的各个环节都需要大量专业人才。

然而，与行业迅猛发展形成鲜明对比的是，人才培养机制相对滞后。院校作为人才培养的主要阵地，在满足跨境电商人才需求方面面临着诸多挑战。

首先，院校的专业教学资源有限在很大程度上限制了招生规模。师资力量是影响人才培养数量和质量的关键因素之一。大多数院校的跨境电商专业课程都是新设立的，专业的师资队伍相对匮乏。许多教师虽然在电子商务或国际贸易等相关领域有一定的知识储备，但对于跨境电商这一新业态了解不足。各院校在跨境电商教育师资力量建设方面进展缓慢，人才培养的规模和速度跟不上人才需求的变化。

其次，教学设施的不足也制约着跨境电商人才的培养。跨境电商注重实践教学，需要模拟真实的电商平台环境、国际物流流程，以及跨境支付系统等。大多数院校缺少相关教学设施，无法满足这些实践教学的需求。部分院校的电商实验室设备老化，软件更新不及时，无法模拟最新的跨境电商业务场景。学生在这样的环境中进行实践操作，无法真正体验到跨境电商行业的实际运作，难以掌握实用的技能。

再次，很多跨境电商相关专业作为新设专业，其课程体系仍处于建设完善过程中。目前，许多院校的跨境电商相关专业课程设置存在不合理之处，如理论课程过多，实践课程不足。

最后，教学方法也存在问题。跨境电商是一个实践性和创新性很强的领域，部分院校仍采用传统的讲授式教学方法，难以激发学生的学习兴趣和潜能，不利于培养学生的实际操作能力和解决问题的能力。

综上所述，由于教学资源有限、课程体系不完善，以及教学方法落后等原因，院校在培养跨境电商人才方面的速度和质量无法满足行业快速发展的需求，导致人才缺口不断扩大。

2. 人才流失严重

人才流失严重也是导致青岛市跨境电商人才数量缺口巨大的重要原因之

一。人才流失主要体现在两个方面：一是企业间竞争导致人才流动频繁；二是个人职业规划与行业认知影响人才去留。

（1）企业间竞争导致人才流动频繁

跨境电商行业竞争异常激烈，企业之间的激烈竞争使得人才在企业之间频繁跳槽，进一步加剧了人才短缺问题。据不完全统计，跨境电商人才的流动率高达30%，青岛市虽然是北方跨境电商发展的重地，但与上海、深圳等城市相比，对人才的吸引力相对较弱。

人才的频繁流动对青岛市跨境电商企业产生了多方面的影响。新员工的招聘需要耗费大量的时间，而新员工入职后的培训也需要巨大的投入，且新员工在适应期内的工作效率和业务能力往往不如经验丰富的老员工。此外，一些企业为快速获取人才，不惜采用不正当手段，如恶意竞争、窃取商业机密等。这种不正当的竞争行为不仅破坏了市场秩序，也使得核心人才变得更加不稳定，进一步加剧了人才短缺问题。

（2）个人职业规划与行业认知影响人才去留

除企业间的竞争外，个人职业规划与行业认知也是影响人才去留的重要因素。一方面，跨境电商行业的政策环境和市场环境变化较快，一些人才对行业的稳定性和可持续发展存在疑虑，一些人才担心这种不确定性会影响自己的职业发展，因此选择离开跨境电商行业；另一方面，一些人才在工作一段时间后，发现自己的兴趣和职业规划与跨境电商行业不符，也会选择转行。

8.1.2　人才结构失衡

跨境电商业务涵盖运营、营销、物流、供应链管理、数据分析等多个紧密关联又各具特色的专业领域，行业的良性发展依赖不同专业背景的人才通力协作。然而，当前跨境电商人才培养存在严重的人才结构失衡现象，严重影响了行业的持续健康发展。

8.1.2.1　人才结构失衡的具体表现

1. 传统电商人才过剩，跨境电商人才短缺

国内电商行业起步较早，众多院校都开设了电子商务专业，经过多年发展，传统电商专业人才的供给已经过剩。但当这些人才试图进入跨境电商领域时，却面临诸多挑战。跨境电商业务要求从业者不仅要掌握电子商务基本知识技能，还需要掌握国际商务知识、拥有扎实的外语能力，以及出色的跨文化沟通能力。

外语能力的薄弱是传统电商人才进入跨境电商领域时要面对的最大挑战。无论是与海外客户进行日常沟通、处理外文合同和文件，还是理解国际电商平台的规则，都需要良好的外语水平。

跨文化沟通能力同样不可或缺，传统电商人才由于缺乏跨文化沟通训练，在与国外客户打交道时，容易因文化差异产生误解和冲突，影响业务的顺利开展。

2. 高端复合型人才稀缺

具备跨境电商全流程操作能力和国际视野的高端复合型人才在人才市场上极为抢手（见表 8-2）。

表 8-2　青岛市部分企业高端复合型人才稀缺情况

项目	占比
供应链管理人才短缺影响产品交付	55%
数据分析人才短缺影响决策	50%
营销人才短缺影响市场拓展	45%

以跨境电商供应链管理人才为例，理想型跨境电商供应链管理人才应具备全球供应链整合能力，了解不同国家和地区的物流基础设施、运输成本、

海关政策，能够根据企业的业务需求，优化物流路线。比如，在选择从中国到欧洲的物流方案时，能够根据货物的特点、交货时间要求等因素，制定最合理的物流路线。据统计，55%的跨境电商企业因供应链管理人才短缺影响了产品交付。

跨境电商企业每天都会产生海量的数据，包括销售数据、用户行为数据、市场趋势数据等。具备数据分析能力的人才可以通过对这些数据进行分析，为企业提供精准的市场洞察，帮助企业优化产品、制定精准的营销策略，以及提升运营效率。然而，目前市场上这高端类人才极为稀缺。有50%的跨境电商企业表示数据分析人才短缺影响了公司决策的准确性。

营销人才的短缺也制约着企业的市场拓展。调查显示，45%的跨境电商企业因营销人才短缺影响了企业的市场拓展。

8.1.2.2 人才结构失衡对企业的多维度影响

1. 运营层面

人才结构失衡给企业运营效率带来的负面影响是全方位的。

在供应链管理环节，专业人才的匮乏使企业犹如失去导航的船只，在物流与仓储的汪洋中迷失方向。不少企业因缺少专业的供应链管理人才导致物流路线缺乏科学规划，货物运输时间长，运输成本高。数据显示，因物流规划不合理，一些企业的运输成本相较行业平均水平高出20%～30%。同样因为缺少专业人才，不少企业仓储管理混乱无序，库存积压与缺货现象交替上演。据统计，一些企业的库存积压资金平均可达企业流动资金的30%～50%，严重制约了企业的发展。

在运营环节，数据分析人才的缺失让企业仿佛置身于迷雾之中。在这个数据驱动生产的时代，企业需要对全部经营生产数据进行深入挖掘以指导企业决策。但缺乏专业数据分析人才，使企业无法对重要核心数据进行有效挖掘，无法及时洞察市场动态，调整运营策略，最终导致企业运营效率低下，在激烈的市场竞争中逐渐掉队。

2. 决策层面

在战略决策层面，高端管理人才和具备国际视野的复合型人才的缺席，使企业在复杂多变的市场环境中屡屡错失发展良机。如近年来非洲电商市场快速发展，很多企业因缺乏对这一趋势的敏锐洞察，错失商机。一些企业发现了商机，但因没有专业人才对非洲市场的人口结构、消费能力、电商基础设施等进行深入分析，难以判断该市场的潜力和风险，错失了进入非洲新兴市场的最佳时机。在行业动态把握上，由于缺乏高端复合型人才，企业无法及时了解竞争对手的新战略、新产品，以致在竞争中陷入被动。

8.1.2.3　人才结构失衡的深层次原因

1. 院校专业设置不合理

在教育领域，部分院校在专业布局上存在路径依赖现象，长期将大量教学资源、师资力量用在传统电商专业的建设上。传统电商专业课程紧密围绕国内电商市场的特性与需求展开，着重培养学生在国内电商平台的操作技能，这导致传统电商专业人才培养数量远远大于市场需求，出现了过剩局面。而跨境电商领域急需的精通外语、熟悉国际市场规则、具备全球视野的高端复合型人才却培养不足，难以满足行业发展的需求。

虽然部分院校已经意识到跨境电商专业的重要性并开设了相关专业，但课程体系与行业实际需求严重脱节的问题依然突出。很多学校在课程内容的安排上，偏重理论知识的传授，缺乏实践教学环节。这种理论与实践脱节的课程体系，使得学生毕业后在面对实际工作中的复杂问题时，往往束手无策，无法满足企业对实战型人才的迫切需求。企业在招聘到这些毕业生后，还需要花大量的时间和资金对他们进行培训，这无疑增加了企业的运营成本，也影响了企业的生产效率。

2. 课程设置同质化严重

青岛市众多院校虽纷纷开设跨境电商相关专业，但部分院校在课程设置上缺乏创新，课程同质化现象较为严重。许多院校的核心课程高度相似，课程内容缺乏个性化设计与深度。以跨境电商营销课程为例，多数院校仍然将教学重点放在传统的营销手段上，如搜索引擎优化、电子邮件营销等。这种同质化的课程设置，使得学生学到的知识和技能太过单一，难以满足企业对多样化人才的需求。对学生的发展而言，同质化的课程也不利于他们的个性化发展。每个学生都有自己的兴趣和特长，而缺乏特色的课程设置限制了学生的选择，无法充分发挥他们的潜力并成为具有独特优势的专业人才。

3. 与当地产业特色结合不足

青岛拥有丰富的海洋资源和雄厚的制造业基础，青岛市的跨境电商行业也呈现出多元化的发展趋势，海洋产品和特色制造业产品的跨境电商业务具有巨大的发展潜力。然而，部分院校在课程设置上却没有充分考虑到当地的产业特色和资源优势。

4. 课程更新速度慢

跨境电商行业是一个充满创新活力的行业，新技术、新业务模式不断涌现，行业发展日新月异。然而，部分院校的课程内容更新速度却远远跟不上行业发展的步伐。以跨境电商直播为例，当下，跨境电商直播已成为最受欢迎的营销方式，通过直播，企业可以实时展示产品、与消费者互动，提高产品的销量和品牌知名度。但部分院校的课程很少涉及甚至没有任何跨境电商直播的知识和技术。

5. 实践教学环节薄弱

尽管许多院校意识到了实践教学在跨境电商专业人才培养中的重要性，但在实际教学过程中，实践教学环节仍然存在诸多问题。在实验室建设方面，部分院校的实验室设备老化，软件更新不及时，无法满足学生对新技术和新业务模式的学习需求。在校外实习基地建设方面，部分实习基地仅为学生提供简单的实习岗位，学生难以接触到企业的核心业务。实践教学环节的教学效果不理想，以致学生在毕业后无法快速适应工作要求，严重影响了跨境电商专业人才的培养和行业的发展。

综上所述，人才结构失衡是当前跨境电商行业发展面临的严峻挑战，其背后的原因复杂多样。要想破解这一困局，实现跨境电商行业的可持续发展，需要院校、企业和政府三方通力合作。院校要勇于打破传统的专业设置模式，优化专业布局，调整课程体系，加强实践教学环节，培养出真正符合行业需求的各类专业人才；企业要树立长远的人才发展战略，加大对供应链管理、数据分析等基础领域人才的培养和引进力度，克服短视行为；政府则应出台相关政策，引导行业健康发展，促进人才结构的优化，为跨境电商行业的繁荣创造良好的人才环境。

8.2　国际化跨境电商人才培养困境

跨境电商是全球性商业活动，对人才素质要求极高，从业者不仅需要具备扎实的电商专业知识和技能，更需要拥有出色的国际视野和跨文化交流能力。

8.2.1　国际合作交流障碍

进行国际合作交流对于提升跨境电商人才的国际化水平至关重要。然而，实际推进过程却困难重重。

8.2.1.1　国际合作项目开展难度大

不同国家和地区的教育体制、文化背景以及法律法规存在显著差异，这使得我们在跨境电商人才培养方面开展国际合作困难重重。以与国外院校开展交换生项目为例，学分互认问题一直是阻碍项目顺利进行的主要问题之一。各国院校的学分体系、课程设置和教学标准各不相同。在青岛，一些院校采用的是学期制，课程学分根据课程的学时和难度来确定；而在欧美国家，很多院校采用学季制，学分计算方式有很大不同。这就导致在交换生项目中，学生在国外修读的课程学分难以被国内院校准确认定，学生在国外辛苦修习的课程回国后无法得到学分，影响了学生的学业进度，甚至影响学生顺利毕业。

8.2.1.2　国际合作交流渠道狭窄

青岛的院校和企业在跨境电商人才培养方面，缺乏与国际知名电商企业、院校开展合作的渠道，这严重限制了人才的国际化培养。缺乏合作渠道使得院校和企业无法获取国际先进的教学资源和实践机会。

国际上一些知名院校在跨境电商领域的研究和教学处于前沿水平，如美国的宾夕法尼亚大学、英国的华威大学等，它们在跨境电商理论研究、课程体系建设和人才培养模式等方面都有独特的经验。但青岛许多院校由于缺乏有效的合作渠道，无法与这些国际院校开展深入的合作交流，无法借鉴他们的先进经验来完善自身的跨境电商人才培养体系。这使得青岛的跨境电商人才培养在国际视野和创新能力方面相对滞后，难以满足行业对国际化高端人才的需求。

8.2.2　跨文化沟通能力培养难题

跨文化沟通能力是跨境电商人才必备的关键素质之一，然而目前各院校在跨文化沟通能力培养方面存在诸多问题。

8.2.2.1　院校课程设置不完善

目前，不少院校在跨文化沟通课程的设置上存在问题。一是跨文化交际课程内容较为宽泛，缺乏针对性和实用性。课程内容侧重于介绍不同国家的文化习俗、礼仪规范等基础知识，而对跨文化沟通技巧和策略涉及较少。二是教学方法较为单一，大多采用传统的课堂讲授方式，缺乏互动性和实践性。学生在课堂上只是被动地接受知识，缺乏实际参与和体验的机会，难以真正掌握跨文化沟通的技能。

8.2.2.2　学生实践机会缺乏

在目前的学习环境中，学生很少有机会与不同文化背景的人进行深入交流，这使得他们在跨文化沟通能力的培养上缺乏实践。与国外学生相比，青岛学生在日常生活和学习中接触外国文化的机会相对较少。在校园里，国际学生的比例相对较低，学生之间的交流大多局限于本国同学之间。在社会实践方面，由于缺乏与国际企业和机构的合作项目，学生很少有机会参与跨境电商的实际业务，无法在真实的工作场景中锻炼跨文化沟通能力。

8.3　师资队伍建设难题

跨境电商人才的培养离不开高素质、专业化的师资队伍。然而，跨境电商师资队伍建设薄弱严重制约着青岛各院校人才培养的质量和行业的可持续发展。

8.3.1 专业师资匮乏

当下跨境电商专业师资匮乏的问题极为严峻，已成为制约行业人才培养质量和行业进一步发展的瓶颈。

8.3.1.1 院校跨境电商学科建设与师资转型困境

跨境电商相关专业在院校中的学科建设速度明显滞后于行业发展速度。尽管多所院校敏锐地捕捉到了市场需求，开设了跨境电商相关专业，但专业教师的培养完全跟不上节奏。许多院校的跨境电商专业教师是从电子商务、国际贸易等相关专业转型而来。老师缺乏对跨境电商行业的深入了解，仍以教授传统电商知识为主。

在青岛的多所院校中，许多从相关专业转型的教师都面临着类似的问题。他们虽然在原专业领域有一定的知识储备，但在跨境电商这个新兴领域，实践经验的不足和专业深度的欠缺，使得教学效果大打折扣。学生在课堂上学习到的知识与实际工作需求脱节，毕业后进入跨境电商企业工作时，往往需要花费大量时间重新学习和适应。

8.3.1.2 行业快速发展与知识更新滞后的矛盾

跨境电商行业的发展速度之快，远远超出院校专业师资的培养速度和知识更新速度。以跨境电商直播带货为例，这一新兴的营销模式在短短几年内迅速崛起，成为跨境电商营销的重要手段。通过直播，消费者可以实时观看商品展示、了解商品功能和使用方法、与主播进行互动交流，这极大地提高了消费者购买的积极性和参与感。在一些大型跨境电商直播活动中，主播能够在短时间内吸引大量海外消费者，实现销售额的爆发式增长。然而，青岛各院校的许多教师对跨境电商直播带货的了解仅仅停留在表面。他们可能知道直播带货这种形式，但对于直播平台的选择、直播内容的策划与制作、主播与观众的互动技巧，以及直播带货的数据分析等缺乏深入的了解。在教学过程中，他们无法为学生详细讲解如何打造一场成功的跨境电商直播带货活动，学生在学校无法学到直播带货相关的知识和技能。

跨境电商专业师资匮乏的问题是由多方面因素共同导致的。要解决这一问题，需要院校、企业和政府等各方共同努力。

8.3.2　教师实践经验不足

在跨境电商这一充满活力与挑战的行业领域，实践操作能力无疑是从业者立足的关键。对于承担着跨境电商专业人才培养重任的教师们来说，丰富的实践经验是提升教学质量、确保教育成果与行业需求紧密对接的核心要素。然而，当前跨境电商专业教师实践经验普遍不足的现状，已然成为阻碍人才培养质量提升的一大障碍。

8.3.2.1　教师实践经验不足的现状

目前，许多跨境电商专业教师缺乏实践经验，他们从高校毕业后直接进入院校任教，没有从事跨境电商工作的经历。在教学过程中，他们往往只能从理论层面进行讲解，缺乏案例分享和经验传授，这导致教学内容枯燥乏味，学生难以理解和掌握。

8.3.2.2　教师实践经验不足对教学质量和学生发展的影响

教师实践经验不足，对教学质量和学生的职业发展产生了多方面的负面影响。在教学质量方面，由于教师无法将案例和经验融入教学中，教学内容往往显得空洞、抽象，缺乏实用性和趣味性。学生在学习过程中，难以将所学知识与实际工作联系起来，导致学习积极性不高，学习效果不佳。许多学生在课堂上虽然能够记住一些理论知识，但在面对实际问题时，却不知道如何运用所学知识进行解决。这种理论与实践脱节的教学方式，无法满足跨境电商行业对应用型人才的需求。

在学生职业发展方面，教师实践经验不足使得他们在教学生时，无法提供有效的指导。跨境电商行业是一个充满机遇的行业，学生们在学习过程中，往往希望能够参与实际项目甚至开展创新创业活动，锻炼自己的实践能力和创新能力。然而，大多数教师缺乏实践经验，学生在实践和创业过程中遇到困难时，往往无法得到教师的支持和帮助。

8.3.3　师资培训体系不完善

8.3.3.1　师资培训内容和形式的局限性

1. 内容侧重理论，缺乏实践环节

目前，青岛市跨境电商专业师资培训大多以理论讲座为主，着重讲解跨境电商的基础概念、理论框架，以及政策法规等基础知识。虽然这些理论知识是跨境电商的基础，但对于已经具备一定理论基础的教师来说，缺乏足够的深度和实用性。

跨境电商行业的实践操作涵盖店铺运营、国际物流管理等多个复杂环节。在店铺运营上，教师需要掌握精准选品、优化店铺页面以提升用户体验和转化率、运用数据分析工具洞察市场和消费者需求等技能。在国际物流管理方面，教师要熟悉不同物流方式的特点和适用场景、如何与物流供应商进行有效沟通与合作，以及如何应对物流环节的突发问题等。然而，在现有的培训中，这些实践操作技能的培训时间往往被压缩到极短，甚至只是简单提及，

无法满足实际需求。

2. 形式单一，缺乏多样性与互动性

师资培训以短期集中培训为主，时间通常为一周。由于时间有限，教师难以充分吸收和消化所学内容。且培训过程中缺乏互动环节，大多是专家在台上讲授、教师在台下被动接受，缺乏双向交流。教师们虽然坐在课堂上，但参与度不高，很多教师在培训结束后表示，他们只是机械地记录了一些知识点，对于如何将这些知识应用到实际教学中仍然感到迷茫。

8.3.3.2　师资培训渠道狭窄

1. 院校与教育部门主导，缺乏多元合作

目前，青岛市跨境电商专业师资培训主要由院校和教育部门组织，院校和教育部门组织的培训往往侧重于理论知识和教学方法的传授，对于企业实际运营中的最新技术应用、市场动态和业务流程等方面涉及较少。教师在师资培训中无法接触到这些最新的实践经验和技术应用，导致教学内容与企业实际需求脱节。

2. 缺乏与行业协会的深度合作

行业协会在行业发展中具有重要的桥梁和纽带作用，然而，在青岛跨境电商师资培训中，行业协会的参与度却非常低，院校缺乏与行业协会的深度合作。行业协会可以组织开展行业研讨会、经验交流会等活动，邀请行业专家、企业高管和一线从业人员分享最新的行业动态和实践经验。行业协会还可以与企业合作，为教师提供实践机会和项目资源，帮助教师提升实践能力，这些资源还没有得到充分利用。

8.3.3.3　师资培训激励机制不完善

1. 培训与教师职业发展关联不紧密

在青岛的高校和职业院校中，教师参加培训的情况并没有与绩效考核、职称评定等直接挂钩，导致教师参加培训的积极性不高。许多教师认为，参加培训对自己的职业发展没有实质性的帮助，只是完成学校或部门的任务。

2. 缺乏物质支持和精神激励

教师参加培训往往需要自己承担一部分费用，如交通费、餐饮费等，而且培训期间的工作量并没有相应减少，这使得教师参加培训的物质成本较高。在激励方面，学校和教育部门对参加培训并取得优秀成果的教师缺乏表彰和奖励，没有形成良好的激励氛围。这使得教师对参加培训热情不高，认为即使参加培训并取得好成绩，也不会得到认可和奖励。

综上所述，跨境电商人才培养在与市场需求匹配、教学体系建设、国际化培养，以及师资队伍建设等方面存在诸多问题。只有正视这些问题，并采取有效的应对措施，才能培养出适应跨境电商行业发展需求的高素质人才，推动我国跨境电商行业的持续健康发展。

第 9 章　政策与建议

9.1　政府在跨境电商人才培养中的角色

在跨境电商人才培养方面，政府扮演着引领者、支持者与协调者的角色。

9.1.1　政策引领，规划人才培养蓝图

9.1.1.1　制定专项发展规划

政府应站在战略高度，着眼未来，制定"跨境电商人才发展专项规划"，为跨境电商人才培养绘制清晰的路线图。在阶段目标设定上，未来五年内，可设定如下指标：青岛计划培养出具有国际化视野、精通跨境电商全流程的专业人才 5 000 名。其中，前期着重夯实人才基础，每年培养了 500 名初级跨境电商人才，使其掌握跨境电商的基本业务流程，如店铺运营基础、营销推广技巧等；中期，加大中高级人才培养力度，每年培养 1 000 名能够独立开展跨境电商业务，具备数据分析、市场拓展和团队管理能力的人才；后期，集中培养 500 名跨境电商行业领军人才，这类人才不仅能敏锐洞察国际市场动

态，还能引领企业在跨境电商领域实现创新发展。

重点任务方面，一是加强院校跨境电商专业建设，优化课程设置，增加国际商务、跨文化交流等课程比重，使学生具备国际化视野和跨文化沟通能力；二是推动企业与院校深度合作，建立实习实训基地，为学生提供真实的业务场景，提升学生的实践能力；三是开展跨境电商人才培训提升计划，针对在职人员和创业者，提供定制化的培训课程，满足不同层次人才的需求。

为保障规划的顺利实施，政府应设立专项工作小组，负责统筹协调和监督评估；建立人才培养质量跟踪机制，定期对院校和培训机构的人才培养效果进行评估，及时调整培养策略。同时，政府应加大资金投入，除设立专项基金外，还可鼓励社会资本参与，为人才培养提供充足的资金保障。

9.1.1.2 优化产业政策协同

政府应将跨境电商人才培养纳入全市产业发展政策体系，与跨境电商产业扶持政策紧密结合，形成协同发展的良好局面。在出台跨境电商企业发展奖励政策时，可明确规定对积极参与人才培养的企业给予额外奖励，如对为跨境电商专业学生提供实习岗位数量超过 50 个，且实习岗位涵盖市场调研、运营、营销等多个核心业务环节，实习导师具备 3 年以上行业经验，并能为学生提供高质量指导的企业，在企业税收优惠、项目申报、资金扶持等方面给予优先考虑。同时，鼓励企业参与院校课程开发，每提供一门融入实际业务案例和操作经验的课程，经院校和学生评估反馈良好后，给予企业一定的资金奖励或政策倾斜。

政府还可以组织开展"跨境电商人才培养示范企业"评选活动，对在人才培养方面表现突出的企业进行表彰和宣传，树立行业标杆，引导更多企业加大人才培养投入。这些措施可激发企业参与人才培养的积极性，形成企业与院校、政府共同推动跨境电商人才培养的良好生态，为青岛市跨境电商产业的高质量发展提供坚实的人才支撑。

9.1.2 资源支持，夯实人才培养基础

9.1.2.1 设立专项基金

政府可设立青岛市跨境电商人才培养专项基金，切实有效地推动跨境电商人才培养工作。

在教学资源升级方面，专项基金应发挥关键作用，支持院校配备高度仿真的模拟操作软件。一套全面涵盖商品上架、店铺装修、订单处理、平台算法规则和营销推广机制的仿真系统，能让学生在贴近实际工作环境的场景中进行业务操作，了解如何优化店铺页面提高搜索排名，以及运用各种营销手段吸引客户。专业数据分析软件（如 Tableau 和 Python 数据分析库）能帮助学生掌握数据分析技能，从海量的电商数据中挖掘有价值的信息，为运营决策提供支持。先进的物流管理软件，可助力学生了解国际物流的流程和运作模式，学会如何选择合适的物流方式，降低物流成本，处理各种物流问题。

在教师能力提升方面，专项基金要积极资助跨境电商专业教师参加国内外学术交流活动、专业培训课程和行业峰会。教师们通过与国内外同行交流切磋，能接触到跨境电商领域的前沿理念和先进技术。政府应鼓励教师参与跨境电商直播带货和人工智能在跨境电商领域的应用研究与实践，提升教师的专业素养和教学水平。教师参加完跨境电商直播带货的培训课程后，可将直播带货的实操技巧和营销策略融入教学中。

9.1.2.2 完善基础设施建设

加大基础设施投入是提升人才培养质量的重要保障。我们建议青岛市建设一批跨境电商实训基地、创业孵化中心和公共服务平台。以打造集教学、

实践、科研于一体的跨境电商实训基地为例，该实训基地应配备先进的设备和软件，为学生和从业者提供真实的业务操作环境。在实训基地中，学生可以分组进行跨境电商项目实践，从市场调研、店铺搭建、选品上架到运营推广，全程参与，将理论知识运用到实际操作中。同时，实训基地还可以邀请企业资深专家进行现场指导，帮助学生解决实践中遇到的问题。创业孵化中心则为有创业意愿的人才提供创业场地、资金支持、技术指导和市场推广等一站式服务，助力他们实现创业梦想。公共服务平台可以整合各类跨境电商资源，为企业和人才提供政策咨询、信息发布、人才招聘等服务，促进跨境电商产业的协同发展。政府应通过完善基础设施建设，为青岛跨境电商人才培养提供坚实的硬件支撑，推动跨境电商产业的高质量发展。

9.1.3 激励引导，激发人才培养活力

9.1.3.1 税收优惠政策

政府可出台针对跨境电商人才培养的税收优惠政策，对为学生提供实习岗位、参与院校课程开发和教学活动的企业，给予税收减免优惠。企业为跨境电商专业学生提供实习岗位，安排经验丰富的员工担任实习导师，给予学生一对一指导，可依据实习岗位数量、质量以及指导效果等，获得相应比例的税收减免。政府可依据企业在人才培养中的投入和贡献程度，制定详尽的税收减免标准。对于参与院校课程开发、教学活动次数多且反馈良好的企业，政府应同样给相应的税收优惠。

9.1.3.2 人才引进政策

政府应制定极具吸引力的人才引进政策，为跨境电商专家、高端复合型人才提供优厚待遇，如构建精细的住房补贴体系：为具有丰富经验的跨境电

商专家每月提供数千元、连续 3 年的住房补贴；为行业领军型人才提供一套人才公寓为期 5 年的免费使用权，或一次性发放安家费用于购置房产；对优秀青年骨干人才，在入职前两三年给予一定比例的房租补贴。

全流程创业扶持（参考苏州对创业项目的支持模式）：设立多元化的跨境电商创业扶持基金。根据创业项目的创新性、市场前景和可行性，给予不同额度的无息贷款，贷款期限可根据项目实际情况灵活调整。对处于初创期的优质项目，提供创业补贴（用于场地租赁、设备购置、人员招聘等）。在创业园区内搭建一站式服务平台，为创业人才提供工商注册、税务申报、法律咨询、市场推广等全方位创业服务。

人才反哺激励：鼓励引进的跨境电商人才深度参与本地人才培养工作，建立人才反哺激励机制。设立"跨境电商人才培养贡献奖"，对积极参与培训课程、指导学生参加跨境电商创业大赛等活动的引进人才，给予一定的物质奖励和荣誉表彰，并在其后续职业发展、项目申报、政策扶持等方面给予优待。

政府在跨境电商人才培养中应充分发挥主导作用，通过政策引领、资源支持和激励引导，构建全方位、多层次的人才培养体系。随着跨境电商行业的不断发展，政府需持续关注行业动态，不断优化和完善相关政策，为青岛跨境电商行业培养更多优秀人才，助力产业发展迈向新的高度。

9.1.4　搭建合作交流平台

9.1.4.1　促进国际合作交流

1. 大力引进国际资源，高频举办高端交流活动

我们深刻认识到国际先进经验对本地跨境电商人才培养的重要作用，建议政府积极策划并组织高质量的国际跨境电商人才交流活动，将邀请国外知

名跨境电商企业高管、资深专家学者常态化，定期开展专题讲座、深度研讨会等活动。为确保国际前沿的跨境电商理念、先进技术，以及成功经验能够及时引入青岛，我们建议每年至少举办 2～3 场具有国际影响力的青岛国际跨境电商发展论坛。在邀请嘉宾时，优先考虑亚马逊、eBay 等国际电商巨头的核心管理人员，在论坛筹备阶段，相关部门应提前深入调研本地企业和院校的关注焦点与实际问题，根据调研结果与嘉宾沟通，使分享内容更具针对性和实用性，切实满足本地需求。

2. 精心组织海外学习考察，全面拓宽人才视野

为使本地院校和企业相关人员深入了解国外跨境电商人才培养的先进模式以及企业运营管理精髓，我们建议青岛每年组织 1～2 次赴国外学习考察活动。在考察目的地选择上，除了美国、欧洲等跨境电商发达地区，还应关注东南亚、澳大利亚等新兴市场国家和地区，这些地区的跨境电商具有巨大的发展潜力，能为我们提供新的思路。在制订考察计划时，要详细规划考察行程，深入了解当地知名跨境电商企业的员工培训体系、团队协作模式、技术创新应用，以及高校的跨境电商专业课程设置、实践教学安排、产学研合作机制等。考察结束后，考察代表需在规定时间内形成详细的考察报告。

9.1.4.2 推动国内校企合作

1. 建立跨境电商人才培养联盟，高效凝聚各方力量

青岛市政府应充分发挥引领协调作用，积极整合本地院校、企业、行业协会等主体，尽快建立跨境电商人才培养联盟。在联盟组建过程中，要通过充分的沟通和协商，明确各方的权利和义务，制定完善的联盟章程和运行机制。联盟成员应具有广泛的代表性，涵盖不同层次、不同类型的院校，如本科、专科、中职院校等，以及不同规模、不同业务领域的跨境电商企业和行

业组织。联盟应定期召开理事会会议，频率可设定为每季度一次，与会人员共同商讨人才培养策略、资源共享方案，以及合作项目推进计划，确保联盟高效运行。每次会议应形成详细的会议纪要，明确各项任务的责任主体和时间节点，以便跟踪落实。

2. 开展多样交流活动，深度深化校企合作

跨境电商人才培养联盟应丰富交流活动形式，提高交流活动频次。建议联盟每月举办一次校企对接会，提前一周收集企业人才需求和院校人才培养情况，根据收集到的信息有针对性地安排对接议程。在对接会中，设置专门的项目洽谈环节，让企业和院校充分沟通，促进双方达成实质性合作。每季度举办一次项目合作洽谈会，邀请专业的项目评估团队参与，对校企合作项目进行可行性分析和风险评估，提高项目合作的成功率。同时，定期组织"跨境电商企业进校园"活动，活动频率可设定为每学期 2～3 次，鼓励企业高管和技术骨干担任兼职教师，参与院校课程设计和教学活动，实现企业实践与院校教学的深度融合。企业兼职教师在教学过程中，应根据企业实际案例和行业最新动态，为学生传授实用的知识和技能，院校也应为企业兼职教师提供必要的教学支持和保障。

通过搭建合作交流平台，青岛能够在跨境电商人才培养的国际合作交流以及国内校企互动合作方面取得更大成效。未来，青岛应持续加强合作交流平台的建设，不断创新交流活动的形式和内容，提高合作的层次和质量，为跨境电商人才培养提供全方位、多层次的支持，助力跨境电商行业蓬勃发展。

9.1.5 规范行业标准与监管

9.1.5.1 制定跨境电商人才培养统一标准

跨境电商行业横跨多个专业领域，涵盖众多不同岗位，明确各岗位所需

的知识、技能和素质要求，对提升人才培养的针对性和有效性意义重大。建议青岛市政府牵头，联合本地院校、企业，以及行业协会的专家，共同制定跨境电商人才培养的统一标准。

以跨境电商运营岗位为例，岗位人才标准应为：熟练掌握亚马逊、速卖通等主流跨境电商平台的运营规则，具备营销推广和数据分析能力。在平台运营方面，人才需深入了解商品上架规范、搜索算法机制、店铺评分体系等，确保店铺运营合规，提升商品和店铺的曝光率和信誉度；在营销推广方面，人才要精通搜索引擎优化、社交媒体营销、电子邮件营销等手段，能根据不同平台和目标市场特点制定个性化营销方案；在数据分析方面，人才必须能熟练运用 Google Analytics、Excel 等工具对店铺流量、销售数据、客户行为等进行深入分析，优化运营策略，提高销售转化率。

国际供应链管理岗位人才标准应为：具备全球供应链规划、物流协调及风险管理等关键能力。在全球供应链规划上，人才需了解全球供应链布局和发展趋势，根据企业业务需求制定合理的供应链战略，包括供应商选择、生产计划安排、库存管理等；在物流协调方面，人才要熟悉国际物流的特点和适用场景，协调物流各环节，确保货物安全、及时、低成本送达目的地；面对国际供应链可能出现的海关政策变化、物流延误等风险，人才需具备风险识别能力和风险应对能力，保障供应链稳定运行。

为使标准更具实际指导意义，应编写详细的标准解读手册。手册可通过实际案例展示如何运用相应的知识和技能解决跨境电商运营和国际供应链管理中的实际问题。

9.1.5.2 加强人才培养质量监督与评估

为确保跨境电商人才培养质量，建议青岛建立完善的监督与评估机制。一方面，尽快成立专门的评估机构——青岛市跨境电商人才培养质量评估中心；另一方面，积极引入第三方评估机构，如专业教育评估公司，共同对院校和企业的人才培养质量进行全面、客观地评估。

在对院校进行评估时，青岛市跨境电商人才培养质量评估中心应重点关注课程设置、教学方法和实践教学等方面。若发现某院校跨境电商相关专业课程设置存在理论课程比重过大、实践课程相对不足的问题，评估中心应及时提出整改建议，如要求院校加强与企业合作，引入真实跨境电商项目作为实践教学内容。在教学方法评估方面，若发现部分院校教学方法单一，以传统课堂讲授为主，学生参与度不高，评估中心应鼓励院校丰富教学方法，如案例教学、项目驱动教学、小组合作学习等。

对于企业参与人才培养的情况，评估机构应严格监督。若发现企业为学生提供的实习岗位多为简单的数据录入和客服工作，学生接触不到核心业务，实习效果不佳，评估机构应与企业沟通，督促企业调整实习计划，提供店铺运营助理、市场调研专员等更具挑战性的实习岗位，并安排经验丰富的员工担任实习指导员。实习指导员不仅要有扎实的专业知识，还要拥有丰富实践经验，能为学生提供专业的指导和建议。

建议青岛市政府对表现优秀的院校和企业给予表彰和奖励。对在跨境电商人才培养方面成绩突出的院校，政府可给予资金奖励，支持专业建设和教学改革；对积极参与人才培养且效果显著的企业，政府可在税收优惠、项目申报等方面给予优先考虑。对于不符合标准的院校和企业，评估机构应提出明确的整改意见，并进行跟踪评估，确保整改措施落实到位。

通过制定统一标准和加强监督与评估，青岛有望在跨境电商人才培养的规范和监管方面取得显著成效，提升人才培养质量，为当地跨境电商行业发展提供有力的人才支撑。未来，随着跨境电商行业的不断发展变化，青岛应持续优化行业标准与监管机制，确保人才培养与行业发展需求紧密结合，推动跨境电商行业发展迈向更高水平。

9.2 院校跨境电商教育改进建议

9.2.1 优化专业与课程设置

9.2.1.1 打造特色专业方向,解决课程同质化问题

专业课程同质化现象严重是当下跨境电商学校教育存在的主要问题,各院校应充分挖掘自身特色与资源优势,打造特色跨境电商专业,培养差异化专业人才。青岛丰富的海洋资源和发达的制造业为各院校优化专业设置提供了便利条件。

建议有海洋资源优势的院校开设海洋产品跨境电商专业方向。在人才培养中,着重培养学生在海洋产品跨境电商运营、营销、供应链管理方面的能力。课程设置上,除跨境电商基础课程("跨境电商概论""国际贸易实务""电子商务平台运营")外,还应增设海洋特色课程,如"海洋产品知识"(详细介绍各类海洋产品的特点、营养价值、加工工艺及质量标准,为运营和销售工作打下基础)、"海洋产品跨境物流与仓储管理"(针对海洋产品易腐坏、运输存储条件要求高的特点,选择合适的物流方式、优化仓储管理以确保产品品质)、"海洋产品国际市场营销"(聚焦不同国家和地区消费者对海洋产品的消费习惯、市场需求和竞争态势,制定相应的营销策略,提升产品的市场竞争力)。

建议有制造业背景的院校设置制造业跨境电商专业课程,如"产品设计与跨境电商"(将产品设计理念与跨境电商需求结合,教导学生根据不同国家和地区文化差异、消费偏好优化产品设计)、"制造业供应链跨境协同管理"(重点培养学生在全球供应链环境下协调制造业供应链各环节的能力)、"工业品牌跨境营销"(致力于提升学生打造和推广制造业品牌的能力,通过分析国际

市场竞争格局，制定有效的品牌营销策略）。

通过打造特色专业和课程体系，各院校能培养出更多具备专业特长的跨境电商人才，满足各行业对专业人才的需求，有效解决课程设置同质化问题。

9.2.1.2　加强校企合作，突出当地产业特色

为使课程内容紧密结合当地产业特色，各院校应加强与当地企业的合作。青岛海洋产品和特色制造业发达，当地院校应积极与海洋产品加工企业、家电制造企业等建立深度合作关系，共同开发课程，让教学内容紧贴产业需求。

青岛各院校应与青岛当地海洋产品加工企业紧密合作，如在海洋产品跨境电商课程建设上，邀请企业专家参与教材编写，为教材提供真实的跨境电商运营案例。院校还应根据当地产业的发展变化情况及时调整课程内容。如海洋产品跨境电商业务对海洋产品的质量追溯体系要求不断提高，青岛各院校在海洋产品跨境电商课程中应增加海洋产品质量追溯体系建设与管理内容。

在制造业方向，青岛各院校应与海尔智家等家电制造企业展开合作。如在"产品设计与跨境电商"课程中邀请海尔智家的设计师和跨境电商运营团队参与教学，结合海尔家电全球市场销售数据和用户反馈，讲解如何根据不同国家和地区的用户需求设计更有竞争力的家电产品。

通过与当地企业紧密合作，院校能及时了解产业发展的最新动态和实际需求，并将相关内容融入课程，使课程更具针对性和实用性，这可使院校培养出的学生具备直接对接企业实际工作岗位的能力，实现人才培养与产业发展的无缝对接。

9.2.1.3　建立课程更新机制，紧跟行业发展步伐

跨境电商行业发展迅速，新技术、新业务模式不断涌现。为让学生接触前沿知识和技能，建议各院校建立课程内容更新机制，及时将行业最新动态

和前沿技术纳入教学内容。

青岛各院校可积极行动，成立跨境电商专业课程更新委员会。课程更新委员会应由专业教师、企业专家和行业学者共同组成。专业教师从教学角度评估课程内容，企业专家提供行业最新实践案例和技术应用信息，行业学者从宏观层面分析行业发展趋势为课程更新提供理论支持。课程更新委员会应定期评估和更新课程内容，密切关注跨境电商发展动态及新技术在跨境电商领域的应用。

通过打造特色专业、加强校企合作，以及建立课程更新机制，青岛各院校有望在优化跨境电商专业设置和课程体系方面取得显著成效。这些措施不仅能提高人才培养质量，还能为跨境电商行业发展提供有力的人才支持。

9.2.2　加强师资队伍建设

9.2.2.1　加大专业师资引进力度

为有效解决跨境电商专业师资匮乏的问题，建议青岛市各院校积极制定并实施一系列优惠政策，吸引国内外优秀的跨境电商人才投身跨境电商人才培养事业。各院校应充分认识到，具有丰富行业经验的专业人才能够为教学活动带来前沿理念、真实案例和实用技能，对提升教学质量至关重要。

建议青岛市各院校制定极具吸引力的人才引进政策，为跨境电商专业人才提供优厚的薪酬与福利。如为跨境电商领域的专家提供专门的人才公寓，解决其住房问题；设立跨境电商专项科研基金，为教师的职业发展提供坚实的物质保障，鼓励教师开展相关领域的研究。

在职业发展空间方面，建议青岛市各院校为引进的跨境电商人才搭建广阔的发展平台。学校可设立跨境电商研究中心，为教师提供参与科研项目、学术交流和进行专业培训的机会，帮助他们不断提升自身的学术水平和专业能力。对于表现优秀的教师，在职称评定、职务晋升等方面给予优先考虑，激励教师积极进取，在教学和科研领域取得更大的成就。

凭借这些优惠政策，青岛市各院校有望吸引更多优秀的跨境电商人才加入跨境电商专业教师队伍。他们不仅可以帮助学生更好地理解理论知识，掌握跨境电商平台的运营技巧，还可指导学生参与跨境电商实战项目。

青岛各院校还应积极邀请知名跨境电商企业的专家担任兼职教师和客座教授，他们可为学生带来各平台的最新政策解读、运营技巧和全球市场动态，还可分享全球消费趋势和热门品类，为学生提供选品的思路和方向。

9.2.2.2　建立教师实践锻炼机制

为解决教师实践经验不足的问题，建议青岛市各院校建立教师实践锻炼机制，鼓励教师到跨境电商协会、跨境电商企业挂职锻炼，深入了解企业的运营管理实务，积累实践经验。建议青岛市各院校规定教师每学年必须有至少两个月的时间到跨境电商企业挂职锻炼。在挂职锻炼期间，教师可以担任运营专员、市场分析师等职务，参与企业的实际项目和业务流程。挂职锻炼结束后，老师可将积累的实践经验融入教学中。

通过加大专业师资引进力度、建立教师实践锻炼机制，青岛市各院校有望在加强跨境电商师资队伍建设方面取得显著成效。这些措施可提升教师的教学水平和专业素养，为跨境电商人才培养提供有力保障。

9.2.3　强化实践教学环节

9.2.3.1　加大实验室建设投入

青岛市各院校应深刻认识到实验室在跨境电商实践教学中的关键作用，紧密跟踪行业技术发展趋势，持续加大对实验室建设的投入。

在硬件设施配备上，建议各院校为跨境电商实验室配备高性能计算机，确保其具备强大的运算能力和图形处理能力，以满足学生进行复杂数据分析、图像处理，以及多平台模拟运营等操作的需求；建议各院校购置专业摄影摄像器材，如高清摄像机、专业镜头、摄影灯等，满足学生学习拍摄高质量产品图片和视频的需求。

在软件采购方面，建议各院校积极引入各类专业软件，如采购亚马逊卖家模拟系统和速卖通运营实训软件，这些模拟软件可高度还原真实的跨境电商平台操作界面，使学生能在模拟环境中进行店铺注册、商品上架、订单处理等操作；同时也应引入 SPSS、Python 数据分析库，学生可以运用这些软件对模拟平台上的销售数据、用户行为数据进行收集、整理和分析，通过建立数据模型，挖掘数据背后的信息，为店铺运营决策提供数据支持。

为确保实验室设备和软件的高效利用，各院校应制定完善的实验室使用制度和安全规范，明确规定实验室开放时间、使用流程，以及学生行为准则。学生进入实验室前，必须接受实验室安全培训，了解设备和软件的正确使用方法及注意事项。专业技术人员负责实验室的日常维护和技术支持，及时解决学生实践过程中遇到的技术问题。

9.2.3.2　积极拓展校外实习基地

拓展校外实习基地是提升学生实践能力的重要途径。青岛市各院校应积极与当地及周边地区的优质跨境电商企业建立长期稳定的合作关系，为学生提供理想的实习岗位。在选择实习基地时，青岛市各院校不仅要关注企业的规模和企业的业务范围，更要注重企业能否为学生提供多样化、具有挑战性的实习岗位。在实习过程中，学生应深入企业各个业务环节。在运营部门实习的学生要积极参与店铺的日常运营工作，学习优化店铺页面、提高转化率的技术，学会运用数据分析工具监控运营数据并调整运营策略。在营销部门实习的学生要学习如何制定和执行营销推广方案，学会社交媒体营销、搜索引擎营销的知识和技能，并结合企业实际情况开展针对性营销活动。在供应链部门实习的学生要了解国际供应链运作流程，学习如何协调供应商、物流商和销售部门之间的关系，确保产品及时供应和交付。

青岛市各院校应加强与实习基地的沟通协作，与相关企业共同制定实习计划和考核标准。学校教师和企业导师可共同指导学生实习，定期交流学生的实习表现。企业导师根据学生的实习表现进行评价，从工作态度、专业能力、团队协作等多个方面对学生进行考核。学校根据企业的反馈调整实践教学内容。

9.2.3.3　设计丰富多样的实践教学项目

为将理论知识与实际业务紧密结合，建议青岛市各院校设计丰富多样的实践教学项目，通过项目驱动的方式，提升学生的实践能力。如开展跨境电商店铺运营实践项目，让学生分组模拟在跨境电商平台开设店铺的全流程工作。在市场调研阶段，学生通过网络搜索、问卷调查等方式收集目标市场的信息数据；在选品阶段，学生根据市场调研结果选择具有市场潜力的产品；在店铺搭建过程中，学生运用设计知识打造具有吸引力的店铺页面；在营销推广环节，学生运用社交媒体营销、搜索引擎营销等手段制定并执行推广方案；在客户服务方面，学生学习如何与国外客户有效沟通，及时处理客户咨询和投诉，提高客户满意度。

学校还应组织跨境电商数据分析实践项目，让学生学习如何收集和分析跨境电商平台的商品销售数据和用户行为数据等，运用数据分析知识和工具对数据进行清洗、整理和分析，通过数据分析发现产品销售趋势、用户购买偏好、市场潜在需求等信息，为企业决策提供数据支持。

通过加大实验室建设投入、积极拓展校外实习基地，以及设计丰富多样的实践教学项目，青岛市各院校有望在强化跨境电商实践教学方面取得显著成效，提升学生的实践能力，使其毕业后能更快适应跨境电商行业工作要求。

9.3　企业参与人才培养的策略

9.3.1　提供实践机会与指导

9.3.1.1　开放核心业务实习岗位

青岛拥有众多实力强劲的跨境电商企业。希望这些企业充分认识到为学生提供优质实习岗位对人才培养的重要性，向实习学生开放更多核心业务岗位。如市场调研、跨境电商平台运营等岗位，让实习生接触一线业务，引导学生融入团队，融入企业，并最终成为企业的一分子。

9.3.1.2　配备企业导师，建立激励机制

为确保学生在实习过程中得到专业的指导和帮助，跨境电商企业应为每位实习学生配备经验丰富的企业导师。这些导师应具备扎实的专业知识和丰富的实践经验，能够给予学生全面、专业的指导。

建议企业严格执行和落实企业导师制度，规定每位导师最多指导 3 ～ 5 名实习学生，确保给予每个学生充分的关注和指导。导师不仅要指导学生完成工作任务，还要引导学生树立正确的职业观念和工作态度。比如导师在指导实习学生时，要注重培养学生的自主学习能力和解决问题的能力。在日常工作中，导师可与学生分享自己的职业发展经历，教导学生要有耐心和责任心，对待工作要严谨认真。

为提高导师的积极性和责任心，建议企业制定完善的导师激励机制，对表现优秀的导师给予奖励。比如导师指导的学生在实习结束后，若得到企业内部的高度认可，导师可在绩效考核中获得额外加分，甚至晋升机会。这种激励机制可促使企业员工积极参与到导师工作中，形成良好的人才培养氛围。

跨境电商企业应持续探索和创新人才培养模式，为行业培养更多优秀的跨境电商人才，推动整个跨境电商行业人才培养水平的提升。

9.3.2 反馈市场需求信息

9.3.2.1 建立常态化沟通机制

青岛的跨境电商企业应与院校构建常态化的沟通机制，定期开展交流活动，分享行业发展动态与企业人才需求变化等关键信息。校企座谈会为企业与院校提供了面对面交流的平台，企业代表可以在座谈会上深入剖析跨境电商行业的最新动态，详细阐述企业在实际运营中对人才知识结构和技能水平的新要求。行业研讨会也是重要的交流形式，企业可联合院校、行业协会共同举办，邀请行业专家、学者参与，共同探讨行业发展的前沿问题。

9.3.2.2 及时反馈岗位技能要求变化

跨境电商行业发展迅速，平台运营规则和营销手段不断更新，企业应及时将这些变化反馈给院校，助力院校调整教学内容和教学方法。当亚马逊等平台推出新的广告投放政策和算法规则时，企业应第一时间与院校沟通，提醒院校在跨境电商平台运营课程中增加相关内容，通过案例分析、模拟操作等方式，让学生掌握最新的平台操作技能。

跨境电商企业应与院校形成紧密的合作关系，共同为跨境电商行业培养出更多适应市场需求的高素质人才，推动青岛市跨境电商产业的持续发展。

9.3.3　参与师资培养与课程开发

9.3.3.1　企业专家走进院校课堂

跨境电商企业应积极响应行业人才培养需求，组织企业专家走进院校，为学生传授实战经验和前沿知识。企业专家丰富的专业知识和实践经验为学生搭建起了解真实跨境电商行业的桥梁。企业专家授课可以让学生明白理论知识与实际工作之间的联系，激发学生的学习兴趣和积极性，增强学生对未来职业发展的信心。

9.3.3.2　参与院校课程开发

企业参与院校课程开发是提升跨境电商人才培养质量的重要举措。青岛的跨境电商企业应积极与院校合作，派出专家参与课程大纲制定、教材编写等工作，确保课程内容紧密贴合行业实际需求。

比如，在编写跨境电商营销课程教材时，企业专家可根据自身的业务需求和行业发展趋势，为教材编写提供案例素材。企业的营销团队积累了大量真实的营销案例，涵盖社交媒体营销、内容营销、达人营销等多个领域，无论是成功的经验还是失败的教训都可以作为宝贵的教学资源，让学生学到贴近行业实际的电商营销知识和技能。

在课程大纲制定过程中，企业专家应与院校教师合作，根据行业需求和教学实际，确定课程的重点和难点。比如在课程内容安排上，将营销理论知识与实际案例相结合，让学生在学习理论的同时，能够通过实际案例理解所学知识。

企业还可与院校合作开发实践课程，设计实践项目，让学生在课程学习中就能接触到实际工作中才会遇到的问题和挑战，提高学生的实践能力和解决问题的能力。

9.4　人才培养的创新模式

9.4.1　产教融合创新模式

9.4.1.1　订单式培养，精准对接人才供需

1. 基于企业需求定制培养方案

青岛市各院校应与企业加强合作，积极探索订单式培养模式，实现人才培养与企业需求的精准对接。校企双方可签订订单式培养协议，院校根据企业的人才需求制定个性化的人才培养方案。

在课程设置上，企业可根据自身业务需求，明确提出对特定跨境电商平台深度运营技巧的培训要求。如公司在亚马逊、速卖通等平台业务量较大，院校可在课程体系中增设"亚马逊高级运营策略""速卖通实战运营技巧"等课程。

2. 企业深度参与培养过程

在人才培养过程中，企业可以进行深度参与，如指定教学内容，对实践教学环节进行全程指导。企业专家可定期到院校授课，将实际工作经验和案例融入教学内容。如在讲解跨境电商客户服务时，公司客服主管可结合处理国际客户投诉的真实案例，教导学生如何运用沟通技巧和服务策略解决客户问题，提高客户的满意度，使学生更好地理解理论知识在实际工作中的应用，提升学生解决实际问题的能力。

在实践教学环节，企业应为学生提供丰富的实践机会。学生在大二、大三期间，可分批到公司实习。实习期间，学生深入公司各个业务部门，参与实际项目运作。

3. 订单式培养的成效预期

订单式培养可保证院校为企业输送大量专业对口的人才。这些学生毕业后可直接到签约企业就业，实现人才培养与企业需求的精准对接。学生凭借在校所学的专业知识和实践技能，能够快速适应工作岗位，为企业创造价值，有效降低企业的招聘和培训成本。订单式培养也为学生提供了明确的职业发展方向和稳定的就业保障。

9.4.1.2　共建产业学院，整合资源协同育人

1. 共同投入资源打造产业学院

建议青岛市各院校与企业积极探索共建产业学院的创新人才培养模式，整合双方资源，协同育人。在资金投入方面，建议企业提供专项建设资金，用于院校的硬件设施建设和教学资源开发。院校则应在场地、师资等方面给予大力支持，提供专门的教学场地和优秀的教师团队，为产业学院的发展奠定坚实的基础。

2. 多元合作提升人才培养质量

在产业学院的管理和运营上，建议校企共同负责，在师资共享、课程开发、实践基地建设等方面展开紧密合作。在师资共享方面，企业资深专家和技术骨干与院校教师共同组成产业学院的师资队伍。企业跨境电商运营专家、供应链管理专家等定期到学院授课，将企业的实际运营经验和行业前沿知识传授给学生。

在课程开发方面，建议双方根据跨境电商行业的发展需求和企业实际业务，共同制定课程体系。产业学院应开发一系列具有创新性和实用性的课程，如"跨境电商智能供应链管理""跨境电商数字化营销创新"等。

实践基地建设是产业学院的重要工作之一。建议企业为产业学院提供实

践基地，如公司的跨境电商运营中心、物流配送中心等。学生可以在这些实践基地进行实习，深入了解企业的实际运营环境和业务流程。

3. 产业学院培养成果展望

共建产业学院可高效整合院校的教学资源和企业的实践资源，通过打造高水平的师资队伍，开发具有创新性和实用性的课程体系，建设先进的实践教学基地。产业学院培养的学生不仅具备扎实的专业知识，还具有较强的实践能力和创新精神，能够更好地适应跨境电商行业的发展需求。

近年来，青岛市部分跨境电商产业学院培养的学生在各类跨境电商竞赛中表现出色。他们凭借在产业学院所学的知识和技能，在竞赛中展示了出色的创新能力和实践操作能力，提出了许多具有创新性的跨境电商解决方案。在就业市场上，产业学院的学生受到众多跨境电商企业的青睐。他们在毕业后能够迅速适应工作岗位，成为企业的业务骨干。

建议青岛校企继续深化产教融合的人才培养创新模式，为跨境电商行业培养更多高素质的专业人才，推动行业的持续发展。

9.4.2　多元化培养创新模式

9.4.2.1　探索线上线下混合式教学模式

青岛市各院校应紧跟教育信息化发展趋势，积极探索线上线下混合式教学模式，深度整合线上线下教学资源，提升教学效率和教学质量，满足学生多样化的学习需求。

1. 开发高质量在线课程

建议青岛市各院校充分发挥各自的学科优势和师资力量，开发一系列高质量的跨境电商在线课程。课程应覆盖跨境电商的各个环节，如跨境电商平台运营、跨境电商营销、国际物流与供应链管理等。为方便学生自主学习，课程设计要充分考虑学生的学习习惯和知识需求。学生应能根据自己的时间和学习进度自由安排学习计划，随时随地登录学习平台进行学习。学习平台需提供丰富的学习资源，除课程视频外，还应配备电子教材、在线测试、讨论区等功能模块。学生在学习过程中遇到问题，可随时在讨论区与其他同学交流，也可向教师提问，教师应及时解答。这种互动式的学习方式可提高学生的学习积极性和学习效果。

2. 借助慕课平台拓展教学

建议青岛市各院校积极利用慕课（MOOC）平台，开设跨境电商相关专业课程，让学生能够与来自不同地区的学习者交流互动。在慕课平台上，教师应定期组织线上直播答疑和专题讨论活动。在讨论环节，教师应鼓励学生积极发言，分享自己对课程的理解，营造良好的学习氛围。这种线上互动式的教学方式，不仅能提高学生的学习参与度，还能培养学生的团队协作能力和沟通能力。

线上线下混合式教学模式在青岛市各院校的跨境电商教学中推广迅速，效果良好，学生的学习积极性和主动性大大提高，教学质量也显著提升。建议各院校持续关注教学评估数据，及时调整教学策略，不断提升教学效果。

9.4.2.2 开展职业技能培训与学历教育

为满足不同人群的学习需求，提高人才培养的灵活性，建议青岛市各院校积极开展职业技能培训与学历教育，并建立两者相互衔接的人才培养体系。

1. 开发职业技能培训课程

建议青岛市各院校针对跨境电商行业的不同岗位需求，开发一系列具有针对性的职业技能培训课程。如针对跨境电商运营岗位，院校可开发"跨境电商平台高级运营技能培训"课程；针对跨境电商营销岗位，院校可开设"跨境电商营销实战技能培训"课程。

这些职业技能培训课程应注重实践操作，采用项目驱动式教学方法，让学生将所学的理论知识应用到实际操作中，提高自己的职业技能水平。院校还应邀请业内资深专家和企业高管担任兼职讲师，为学员分享经验和案例，使培训内容更加贴近行业实际。

2. 建立学分转换与衔接机制

建议青岛市各院校都能建立职业技能培训与学历教育的学分转换机制，实现两者的有机衔接。学员在完成职业技能培训并取得相应证书后，应可以将培训课程的学分转换为学历教育学分。学生在后续攻读跨境电商专业的专科学历或本科学历时，可以免修部分课程，直接进入更高层次的学习阶段。

为确保学分转换的科学性和合理性，院校应制定详细的学分转换标准和流程。在学分转换标准方面，院校可根据培训课程的内容、难度和学时等因素，确定其对应的学历教育课程学分。在流程上，学员在完成职业技能培训后，向院校提出学分转换申请，院校审核通过后，将培训课程学分正式计入学历教育学分系统。这种学分转换机制为在职人员和社会人员提供了便捷的学习途径，使他们可以根据自己的实际情况，选择先参加职业技能培训提升自己的职业能力，再通过学分转换继续深造获取更高层次的学历。

3. 人才培养的成效与社会影响

职业技能培训与学历教育衔接的人才培养模式为社会人员提供了进入跨境电商行业的机会。一些原本从事其他行业的人员，通过参加职业技能培训和学历教育，顺利转行进入了跨境电商行业，实现了职业转型和个人发展。

总体而言，青岛市在跨境电商人才多元化培养创新模式方面进行了很多探索，如线上线下混合式教学模式充分利用互联网技术整合教学资源，提高了教学质量和效率；职业技能培训与学历教育衔接的人才培养体系，满足了不同人群的学习需求。建议青岛市政府和各级院校继续深化多元化人才培养模式的探索和实践，为跨境电商人才培养做出更大的贡献。